Reclams Städteführer Bamberg · Bayreuth

Reclams Städteführer · Architektur und Kunst

Bamberg · Bayreuth

Von Elisabeth Wünsche-Werdehausen

Mit 19 Abbildungen, 4 Grundrissen und 5 Karten

Reclam

RECLAMS UNIVERSAL-BIBLIOTHEK Nr. 14023
2020 Philipp Reclam jun. Verlag GmbH,
Siemensstraße 32, 71254 Ditzingen
Umschlagabbildung: Der Bamberger Dom (Animaflora PicsStock / Alamy Stock Foto) und das Festspielhaus Bayreuth (Westend61 GmbH / Alamy Stock Foto)
Innenklappe hinten: *Orpheus verzaubert mit seinem Saitenspiel Tiere und Pflanzen* (oben; Deckenstuck im Musikzimmer des Alten Schlosses der Eremitage, Bayreuth; © Bayerische Schlösserverwaltung, www.schloesser.bayern.de, Foto: Achim Bunz); Detail des Fürstenportals des Bamberger Doms (unten; Wikimedia Commons / Tilman2007 / CC-BY-SA-3.0)
Druck und Bindung: Kösel GmbH & Co. KG,
Am Buchweg 1, 87452 Altusried-Krugzell
Printed in Germany 2020

ISBN 978-3-15-014023-9
www.reclam.de

Inhalt

Anhang

Zwei historische Städte der fränkischen Kulturlandschaft

Bamberg und Bayreuth gehören neben Würzburg und Nürnberg zu den bedeutendsten Städten Frankens und sind dank ihren gut erhaltenen Sehenswürdigkeiten in der Liste des Weltkulturerbes der UNESCO vertreten. Daneben gibt es zahlreiche kleinere Zentren wie Dinkelsbühl, Ansbach, Rothenburg ob der Tauber, Erlangen oder Kulmbach. Viele dieser Orte, so auch Bamberg und Bayreuth, gehörten einst zu politisch selbständigen Territorien. Diese Zersplitterung in viele Herrschaftsbereiche bildete die Voraussetzung für die ungewöhnlich große kulturelle Vielfalt, die Franken bis heute auszeichnet.

Seit dem 10. Jh. war das Maingebiet das Stammland und damit die wichtigste Machtbasis der deutschen Könige und Kaiser des Heiligen Römischen Reiches. Ihre Herrschaft wurde vor Ort durch reichstreue Bischöfe und viele fränkische Adelsfamilien gestützt – auch wenn es immer wieder Machtkämpfe zwischen den verschiedenen Parteien gab. Bereits im 9. Jh. waren die Bistümer Würzburg und Eichstätt gegründet worden. 1007 kam das von Heinrich II. gestiftete Bistum Bamberg hinzu, das sich schnell zum wichtigsten politischen und kulturellen Zentrum des Reiches entwickelte. In allen drei Bistümern übte der Bischof zugleich die weltliche Landesherrschaft aus. Unter den zahlreichen weltlichen Fürsten Frankens machte die Familie der Hohenzollern eine steile Karriere: Zunächst Burggrafen von Nürnberg, erweiterten sie alsbald ihre fränkischen Gebiete, stiegen im 14. Jh. zu Reichsfürsten auf, dann zu Markgrafen und Kurfürsten von Brandenburg und schließlich zu Königen in Preußen. In Franken herrschten die Hohenzollern über zwei Fürstentümer: die Markgrafentümer Brandenburg-Kulmbach-Bayreuth und Brandenburg-Ansbach, die neben den Fürstbistümern, den sog. Hochstiften, Bamberg und Würzburg, zu den mächtigsten Landesherrschaften in Franken wurden. Denn schon seit dem 13. Jh. hatten sich die Bindungen der lokalen weltlichen und geistlichen Fürsten an den Kaiser gelockert. Dies schuf die Grundlage für die fränkische Kleinstaaterei, die bis zur Auflösung des Heiligen Römischen Reiches 1806 die politische Landschaft des Gebietes bestimmen sollte. Hinzu kamen die immer mehr nach Unabhängigkeit strebenden Städte, die seit dem Spätmittelalter den Fürstentümern Konkurrenz machten. Zur wirtschaftlich und politisch mächtigsten Stadt mit internationalen Handelsbeziehungen stieg Nürnberg auf, seit 1219 Freie Reichsstadt und im 15. Jh. sogar ›heimliche Hauptstadt‹ des ganzen Reiches, denn hier wurden die Reichskleinodien aufbewahrt. Auch kulturell überflügelte Nürnberg damals dank Künstlern wie Albrecht Dürer und Veit Stoß die Fürstentümer, die allmählich an Einfluss verloren.

Im 16. Jh. wurde Franken durch mehrere Ereignisse schwer erschüttert. 1525 begehrten im Bauernkrieg Kleinstädter und Bauern gegen die drückende Abgabenlast auf und richteten schwere Verwüstungen an. Im Markgräflerkrieg 1552–54 versuchte Markgraf Albrecht von Kulmbach-Bayreuth – erfolglos – die alleinige Herrschaft über ganz Franken zu erlangen. Und schließlich führte die Reformation zur konfessionellen Spaltung des Gebietes, die bis heute besteht. Die neue Lehre Luthers fand vor allem in den Städten Anhänger, allen voran 1524/25 in Nürnberg, aber auch in den Hohenzollern'schen Fürstentümern. Lediglich die beiden Hochstifte Würzburg und Bamberg blieben als Bollwerke des alten Glaubens erhalten und leiteten die Gegenreformation zur Verteidigung der katholischen Kirche ein.

Erst nach dem Dreißigjährigen Krieg (1618–48) erlebten die geistlichen und weltlichen Fürstentümer eine neue politische und kulturelle Blütezeit, während die Reichsstädte immer mehr an Bedeutung einbüßten. In Würzburg und Bamberg regierten mächtige Fürstbischöfe aus der einflussreichen Familie der Grafen von Schönborn und taten sich als kunstsinnige Bauherren hervor: Auf sie gehen so bedeutende Bauten wie die Würzburger Residenz, die Bamberger Residenz und Schloss Pommersfelden sowie Kloster Banz und die Wallfahrtskirche Vierzehnheiligen zurück – prägende Denkmäler des fränkischen Barock, für die führende Architekten des Reiches wie Leonhard und Johann Dientzenhofer und Balthasar Neumann engagiert wurden. Diesem überschwänglichen und bilderreichen ›katholischen‹ Barock stand der strengere ›protestantische‹ Stil des Markgrafentums Bayreuth gegenüber. Dank der tatkräftigen Wilhelmine von Bayreuth, Gemahlin des Markgrafen Friedrich und Schwester Friedrichs des Großen, prägte sich in Bayreuth eine eigenständige Variante des Rokoko aus. Noch heute ist der Unterschied zwischen der katholischen Bischofsstadt Bamberg mit der Kathedrale und den zahlreichen üppig ausgestatteten Kirchen und der etwas nüchtern wirkenden protestantischen Residenzstadt Bayreuth mit nur wenigen Kirchen, aber zwei Schlössern, spürbar. Mit der Säkularisation 1802/03 und der Auflösung des Heiligen Römischen Reiches 1806 ist diese Welt der Feudalstaaten untergegangen, die nun ihre politische und damit auch ihre kulturelle Selbständigkeit verloren – Bamberg und Bayreuth fielen wie die übrigen fränkischen Territorien an Bayern, aber die zahlreichen erhaltenen Kulturdenkmäler lassen noch heute die große Vergangenheit der beiden Städte lebendig werden.

Bamberg

Bamberg zählt zu den schönsten Städten Deutschlands, wenn nicht gar Europas, denn hier haben sich nicht nur herausragende Einzelbauwerke wie der mittelalterliche Dom, die barocke Residenz und das pittoreske Rathaus mitten im Fluss erhalten. Einzigartig ist vor allem die Stadt als Gesamtkunstwerk mit dem größten unversehrt erhaltenen historischen Stadtkern Deutschlands – neben den vielen Kirchen bestimmt vor allem die mittelalterliche und barocke Wohnbebauung mit rund 2400 denkmalgeschützten Häusern das Stadtbild. Und da Bamberg nicht wie die meisten anderen Orte durch einen Mauerring befestigt war, der dann im 19. Jh. niedergelegt wurde, hat die Stadt auch als Ganzes ihren ursprünglichen Charakter bewahrt. In wenigen anderen Städten kann man noch einen so authentischen Eindruck davon gewinnen, wie historische mitteleuropäische Städte einmal aussahen.

Die Geschichte Bambergs reicht mindestens ins 7./8. Jh. zurück, als auf dem Domberg eine befestigte Burg stand. Im 9. Jh. fiel diese an das fränkische Adelsgeschlecht der Babenberger, dem die Stadt ihren Namen verdankt. Nach dem Aussterben der Babenberger 903 gelangte die Burg zunächst in den Besitz von Kaiser Otto II., der sie schließlich seinem Vetter, dem bayerischen Herzog Heinrich dem Zänker, schenkte. Erst nachdem dessen Sohn Heinrich im Jahr 1002 zum König des Heiligen Römischen Reiches gewählt worden war, erlangte Bamberg erstmals wirklich überregionale Bedeutung: 1007 gründete König Heinrich II. mit seiner Gemahlin Kunigunde aus Teilen der Bistümer Würzburg und Eichstätt das neue Bistum Bamberg. Um der Bistumsgründung zum gewünschten Erfolg zu verhelfen, hatte Heinrich II. bereits 1004 mit dem Bau des Doms begonnen. Die Besitztümer, mit denen er das Bistum ausstattete, reichten von Franken, Bayern und Schwaben bis nach Kärnten. Dem Dom stifteten Heinrich und Kunigunde wertvolle Reliquien, kostbare liturgische Geräte, Elfenbeintafeln und Textilien sowie als große Liebhaber von ›Büchern‹ illuminierte Handschriften, die zum Teil noch heute in Bamberg aufbewahrt werden und zum Weltkulturerbe der UNESCO gehören. Dem Bischof war zwar ein Kapitel aus Domherren zur Seite gestellt, aber er bekam fürstliche Rechte und war nicht dem Kaiser des Heiligen Römischen Reiches unterstellt, sondern nur dem Papst: Er war »exempt« und daher mächtig. Die neu gegründete Domschule entwickelte sich schnell zur bedeutenden Ausbildungsstätte der geistlichen Elite des Reiches. Mit der Stiftung des Benediktinerklosters St. Michael und des Kollegiatstiftes St. Stephan legten Heinrich und Kunigunde den Grundstein für die Kirchenlandschaft mit der Türmesilhouette, die noch heute das Bild der Bamberger Bergstadt bestimmt. Bamberg stieg dank Heinrich, seit 1014 sogar Kaiser, und seiner Gemahlin zu einem Zentrum des Heiligen Römischen Reiches auf, zum »neuen Rom« – wie es damals hieß –, das wie die Ewige Stadt auf sieben Hügeln erbaut war. Das Kaiserpaar hoffte, mit der Stiftung des reich ausgestatteten neuen Bistums der Nachwelt im Gedächtnis zu bleiben. Da Heinrich und Kunigunde keine Nachkommen hatten und mit ihnen die Dynastie der Ottonen ausstarb, setzten sie gleichsam Gott als ›Erben‹ ein und vermachten ihr irdisches Gut dem Bistum – eine Vorstellung, die mit dem mittelalterlichen Verständnis des von Gott auserwählten Herrschers zusammenhängt. Dieser Plan ging auf: Auch wenn Bamberg nach dem Tod von Heinrich 1024 und Kunigunde 1033 seine Stellung als Hauptort des Reiches verlor, blieb es ein bedeutender Bischofssitz, der das Andenken an die Gründer in Ehren hielt. Denn schon bald setzte die Verehrung des im Dom bestatteten Kaiserpaars ein, die in seiner Heiligsprechung 1146 bzw. 1200 gipfelte. Damit wurde Bamberg auch zu einem wichtigen

Wallfahrtsort. Zu den bedeutendsten Bischöfen der Frühzeit gehören Suidger, der 1046 als Clemens II. zum Papst gewählt wurde, und der später heiliggesprochene Otto I. (reg. 1102–39).

In der zweiten Hälfte des 13. Jh.s regierten mehrere Bischöfe aus der mächtigen Familie der Andechs-Meranier; sie veranlassten den Neubau des Doms und machten Bamberg zu einer Hochburg der modernen gotischen Skulptur nach französischem Vorbild. Zwischen dem 12. und dem 14. Jh. gelang es den Bischöfen, durch eine zielstrebige Politik allmählich ein zusammenhängendes Territorium und damit die Grundlagen für das Fürstbistum Bamberg, auch Hochstift genannt, zu schaffen: Der Bischof war nicht nur geistliches Oberhaupt der Stadt und des Bistums, sondern als Reichsfürst auch weltlicher Herrscher über sein Land. Da er jeweils vom Domkapitel gewählt wurde, gab es im Unterschied zu weltlichen Fürstentümern aber keine dynastische Kontinuität. Spätestens ab dem 12. Jh. war dem Bischof in den bürgerlichen Kaufleuten eine gefährliche Konkurrenz im Kampf um die Macht in der Stadt erwachsen: Nachdem die Bürger sich im 9. Jh. zunächst zu Füßen des Dombergs, im Schwemmland des linken Regnitzarms, dem sog. »Sand«, angesiedelt hatten, verlagerten sie ihr Zentrum im 12. Jh. in das Gebiet zwischen den beiden Regnitzarmen, in die Inselstadt mit Marktplatz und Pfarrkirche St. Martin (zerstört) – noch heute das Geschäftszentrum Bambergs. Im alten bürgerlichen Viertel des »Sandes« errichteten sie ab 1338 eine weitere Kirche, die Obere Pfarre. Die Bürger investierten zudem im Gebiet rechts der Regnitz, dem Gärtnerviertel, in Gemüse- und Obstanbau. So prägte sich schon im Mittelalter die charakteristische Stadtstruktur Bambergs mit den drei unterschiedlichen Bereichen aus, die bis heute unverkennbar bestehen: die vorwiegend geistliche Bergstadt auf den Hügeln mit der bürgerlichen Altstadt am Flussufer, die neue bürgerliche Insel- und die Gärtnerstadt.

Durch Fernhandel immer wohlhabender geworden und kulturell und karitativ engagiert, forderten die Kaufleute ab dem späten 13. Jh. zunehmend mehr politische Unabhängigkeit vom Bischof, bis sie schließlich durch einen Stadtrat und einen Bürgermeister vertreten wurden und sich 1370 ein Rathaus mitten in der Regnitz errichten durften. Zum Bau einer Stadtmauer um die gesamte Stadt – im Mittelalter Symbol des Reichtums und der Einigkeit der Bürgerschaft – kam es allerdings nicht mehr.

Die Spannungen zwischen der geistlichen Macht des Bischofs und des Domkapitels auf der einen und den handeltreibenden Bürgern auf der anderen Seite verschärften sich erneut in den 1430er Jahren durch die Einfälle der Hussiten und den Streit um die Immunitäten, die Privilegien der Klöster und geistlichen Stifte, die keine Abgaben und Steuern zahlten und über rechtlich unabhängige Bereiche in der Stadt verfügten – zum Nachteil der Bürgerschaft. Auch wenn man zunächst eine Einigung erzielte und sogar ein neues Rathaus baute und Bamberg im 15. Jahrhundert nochmals eine kulturelle Blüte, etwa in der Buchdruckerkunst, erlebte, verloren die Bürger langfristig den Machtkampf gegen den Bischof – und wanderten ab, viele in die aufstrebende Stadt Nürnberg. Damit war die Zukunft Bambergs als bischöfliche Residenzstadt besiegelt.

Das ganze 16. und die erste Hälfte des 17. Jh.s hindurch erlebte die Stadt, bedingt durch die Turbulenzen der Reformation und die anschließende Rekatholisierung, die Bauernkriege, den Markgräflerkrieg und die hier extrem wütenden Hexenverbrennungen sowie schließlich durch den Dreißigjährigen Krieg 1618–48, schwierige Zeiten, von denen sie sich nur schwer erholte. Gleichwohl leisteten sich die Fürstbischöfe damals das Schloss Geyerswörth sowie den Kanzleibau der Alten Hofhaltung und begannen mit dem Bau der Neuen Residenz.

Erst Ende des 17. Jh.s brach in Bamberg dank der beiden Fürstbischöfe aus der einflussreichen und kunstsinnigen Adelsfamilie der Schönborn, die 1701 zu Reichsgrafen erhoben wurden und zahlreiche deutsche Bischofsthrone besetzten, ein neues goldenes Zeitalter an. Fürstbischof Lothar Franz (reg. 1693–1729) trat als barocker Fürst von absolutistischem Herrschaftsanspruch auf und war zugleich Kurfürst von Mainz und Erzkanzler, nach dem Kaiser der ranghöchste Fürst im Heiligen Römischen Reich – damit war er mächtig genug, um sich das Domkapitel für seine Bauunternehmungen gefügig zu machen und einen Stab von ergebenen, aber effizienten bürgerlichen Beamten zu beschäftigen, darunter Johann Ignaz Tobias Böttinger. Von den Architekten Johann und Leonhard Dientzenhofer, die die fränkische Barockarchitektur entscheidend geprägt haben, ließ er sich die Neue Residenz und das Familienschloss in Pommersfelden, eines der wichtigsten Barockschlösser Deutschlands, bauen. Dank den Steuervergünstigungen für den Neubau von Häusern aus Stein anstelle der alten Holzgebäude erhielt Bamberg sein barockes Erscheinungsbild. Der Nachfolger Friedrich Karl von Schönborn (reg. 1729–46), zuvor Reichsvizekanzler in Wien, setzte dieses ›Stadtverschönerungsprogramm‹ mit seinem berühmten Architekten Balthasar Neumann fort. Die Kehrseite des höfischen Glanzes war die wachsende Armut der Bevölkerung, die Ende des 18. Jh.s den aufgeklärten Fürstbischof Franz Ludwig von Erthal, der selbst auf Luxus verzichtete, zu umfangreichen Sozialreformen veranlasste; durch ihn wurde Bamberg zu einem der bestregierten Staaten Europas.

Dennoch war das Ende des Fürstbistums und damit das Ende Bambergs als Residenzstadt nicht aufzuhalten: 1802/03 fiel der Staat der Säkularisation zum Opfer, der Auflösung der geistlichen Fürstentümer, und wurde dann dem Kurfürstentum und späteren Königreich Bayern einverleibt. Mit dem Ver-

Fürstbischof Lothar Franz von Schönborn (reg. 1693–1729)

lust der politischen Selbständigkeit blieb Bamberg zwar Bistum, büßte aber an kultureller Bedeutung ein zugunsten der neuen bayerischen Hauptstadt München und wurde zu einer – wenn auch sehr lebendigen – Provinzstadt. In der ersten Hälfte des 19. Jhs entfaltete sich wie anderswo auch ein vom emanzipierten Bürgertum getragenes kulturelles Leben. Damals leitete der Dichter, Maler und Komponist E. T. A. Hoffmann einige Jahre das neu gegründete Stadttheater, und der Philosoph Friedrich Hegel war als Chefredakteur der *Bamberger Zeitung* hier tätig. Nach dem Ausbau des rechten Regnitzarmes zum Ludwig-Donau-Main-Kanal und dem Anschluss an das Eisenbahnnetz 1843/44 setzte eine zögerliche Industrialisierung ein, aber Bamberg wurde nie eine echte Industriestadt. In der Gründerzeit des späten 19. Jh.s, als Bamberg dank der Initiative jüdischer Unternehmer ein Zentrum des Hopfenhandels, des Brauwesens und der Mälzerei wurde, entstanden zahlreiche neue Bauten und ganze Stadtviertel im historistischen Stil. Aber die kleinteilige, verwinkelte Struktur der mittelalterlich und barock geprägten Altstadt blieb weitestgehend unangetastet – ja man begann sogar, den besonderen Reiz dieses Erbes zu schätzen und stolz darauf zu sein.

Auch im Zweiten Weltkrieg kam Bamberg glimpflich davon: Die Altstadt erlitt nur wenige Zerstörungen. In der Nachkriegszeit gab es Bestrebungen, Bamberg wie viele andere deutsche Städte autogerecht zu machen, doch in der Stadtverwaltung setzte sich glücklicherweise der Wille durch, die Altstadt in ihrer historischen Gestalt zu bewahren und sich der großen Herausforderung der Sanierung zu stellen. Das zahlte sich aus: 1993 wurde die gesamte Altstadt in die Welterbeliste der UNESCO aufgenommen. Aus dieser hohen Auszeichnung schlägt die Stadt mittlerweile erhebliches Kapital: Die jährlich sechs Millionen Touristen sind zu einem entscheidenden Wirtschaftsfaktor geworden.

Bayreuth

Mit Bayreuth sind die Namen zweier bedeutender Persönlichkeiten verknüpft, die das kulturelle Leben der Stadt nachhaltig geprägt haben. Musikliebhaber in aller Welt verbinden mit der Stadt den Komponisten Richard Wagner und die jeden Sommer hier stattfindenden Opern-Festspiele. Kunst- und Architekturkenner denken hingegen eher an Markgräfin »Wilhelmine von Bayreuth«, die dem kleinen Ort im 18. Jh. eine kurze kulturelle Blütezeit als Residenz eines Fürstentums bescherte. Aber die Geschichte Bayreuths reicht bis ins 12. Jh. zurück. Damals gründete das mächtige bayerische Herrschergeschlecht der Grafen von Andechs-Meranien hier eine Marktsiedlung, die 1194 als »Baierrute« erstmals urkundlich erwähnt ist. Das Gemeinwesen mit einem typisch bayerischen Straßenmarkt – heute Maximilianstraße – entwickelte sich schnell zu einem kleinen wirtschaftlichen Zentrum, das 1231 als »Stadt« bezeichnet wurde. Ab 1260 gehörten Bayreuth und das umliegende Gebiet zum Herrschaftsbereich der Hohenzollern, die fortan für 500 Jahre die politischen Geschicke und das kulturelle Leben der Stadt bestimmten, auch wenn es ab 1334 einen Stadtrat mit Bürgermeister gab: Seit 1192 Burggrafen von Nürnberg, hatten die Hohenzollern allmählich ihre angestammten schwäbischen Besitzungen um fränkische Herrschaftsgebiete erweitert. 1385 wurde ihr fränkisches Territorium in zwei Fürstentümer aufgeteilt: das »Land unter dem Gebirge«, das künftige Markgrafentum Brandenburg-Ansbach des einen, und das »Land auf dem Gebirge«, das spätere Markgrafentum Brandenburg-Kulmbach-Bayreuth des anderen Familienzweiges. Mit dem Titel »Markgrafen« schmückten sich die Hohenzollern beider Länder, seit Burggraf Friedrich VI. 1415 von Kaiser Sigismund die Mark Brandenburg erhalten hatte und zum Kurfürsten erhoben worden war – von da an hatten die fränkischen Familienzweige mächtige Verwandte in Berlin sitzen, die später zu Königen von Preußen und Kaisern des Deutschen Reiches aufstiegen. 1528 trat Markgraf Georg »der Fromme«, ein Freund Luthers, mit seinen Untertanen zum protestantischen Glauben über. Als Residenzstadt spielte Bayreuth zunächst aber nur eine Nebenrolle, da das Fürstentum bis Anfang des 17. Jh.s von Kulmbach aus regiert wurde.

Der entscheidende Wendepunkt in der Geschichte der Stadt war die Verlegung der markgräflichen Residenz von Kulmbach nach Bayreuth 1603 – damit begann der Ausbau Bayreuths zum repräsentativen Wohn- und Regierungssitz der Hohenzollern. Allerdings bescherten zwei Brände, 1605 und 1621, und der Dreißigjährige Krieg (1618–48), in dem das kleine Markgrafentum zwischen die rivalisierenden Parteien geriet, der Stadt zunächst schwere Zeiten. Daher setzte ein engagiertes künstlerisches Mäzenatentum der Markgrafen erst ab Mitte des 17. Jh.s ein. Markgraf Christian Ernst, der als Oberbefehlshaber der kaiserlichen Armee eine beachtliche militärische Karriere im Heiligen Römischen Reich machte und die Kunst Frankreichs und Italiens kennengelernt hatte, veranlasste den Ausbau des Alten Schlosses zur barocken Residenz und die Errichtung des Markgrafenbrunnens. Sein Nachfolger Georg Wilhelm (reg. 1712–26), ein prunkliebender Barockfürst, vergrößerte den Hofstaat, richtete rauschende Feste aus, förderte Oper und Musik und frönte der Bauleidenschaft. Auf ihn gehen vor allem das Alte Schloss in der Eremitage und das Ordensschloss St. Georgen zurück sowie 1716 die Gründung der Bayreuther Fayencemanufaktur. Auf seinen Tod 1726 (Aussterben der Hauptlinie) folgte ein eher glanzloses Jahrzehnt unter der Regierung des sparsamen Markgrafen Georg Friedrich Karl.

Unter Markgraf Friedrich und seiner Gemahlin Wilhelmine, der Lieblingsschwester des preußischen Königs Friedrich des Großen, die als »Wilhelmine von Bayreuth« in die Geschichte

Jean-Etienne Liotard, Porträt von Wilhelmine von Bayreuth

einging, erlebte Bayreuth in der kurzen Zeitspanne von 1735 bis 1763 ein goldenes Zeitalter, in dem die Stadt erstmals zu einem künstlerischen Zentrum von europäischem Niveau aufstieg: Die Prinzessin aus königlich-preußischem Hause war allerdings nur widerwillig in das mittelgroße deutsche Markgrafentum Bayreuth gekommen, hatte sie doch auf eine bessere, ihrem hohen Rang angemessene Partie gehofft. Ihrer Enttäuschung über den Gemahl von niedrigerem Stand und die provinzielle Rückständigkeit des fränkischen Hofs machte sie in ihren berühmt-berüchtigten Memoiren Luft. Umso mehr setzte die vielseitig begabte Wilhelmine – sie beherrschte mehrere Instrumente, komponierte, betätigte sich literarisch und interessierte sich für die Philosophie der Aufklärung und fernöstlicher Länder – allen Ehrgeiz daran, Bayreuth zu einem kulturellen Brennpunkt zu machen. Damals entstanden zahlreiche Bauten in zurückhaltend barocken Formen; bis heute prägen sie das Stadtbild: von den Palais in der neu angelegten Friedrichstraße und dem Neuen Schloss in der Stadt bis zu den Erweiterungen der Eremitage mit ihren Parkanlagen und Parkbauten. Die Innenausstattung dieser Schlösser zählt zu den qualitätvollsten Raumkunstwerken des 18. Jh.s; in ihnen prägte sich die besondere Form des Bayreuther Rokoko mit den sparsam verteilten Rocailleformen und den eingestreuten naturalistischen Blüten und Ranken aus. Viele der Künstler kamen aus Frankreich und Italien, aber lediglich für das Opernhaus ›gönnte‹ sich Wilhelmine einen wirklich berühmten, europaweit renommierten Meister: den Theaterarchitekten Giuseppe Galli Bibiena. Sein spektakulärer Theaterbau wurde wegen seines guten Erhaltungszustandes 2012 in die Liste des Weltkulturerbes der UNESCO aufgenommen.

In der Umgebung Bayreuths prägte sich eine besondere Form des protestantischen Kirchenbaus aus, die sog. Markgrafenkirchen. In die Regierungszeit des Markgrafenpaares fällt auch die Gründung der Freimaurerloge 1741, eine der ersten und wichtigsten ihrer Art in Deutschland – sie machte Bayreuth schon im 18. Jh. zu einem Zentrum der Freimaurerei und besteht noch heute.

Mit dem Tod Friedrichs und Wilhelmines 1758 bzw. 1763 ging die glanzvollste Epoche der Stadt mit einem Schlag zu Ende – der Preis für das kulturelle Engagement des Markgrafenpaares war hoch: Das Fürstentum war nahezu bankrott. Daher brachen unter dem nächsten Markgrafen sparsame, kulturell unbedeutende Zeiten an. Da er kinderlos blieb, wurden 1769 die beiden Hohenzollern'schen Fürstentümer Bayreuth und Ansbach zusammengelegt. Entmutigt von den Ereignissen der Französischen Revolution dankte der aufgeklärte Fürst Karl Alexander ab und zog sich mit seiner Mätresse nach England zurück. Bayreuth und Ansbach fielen 1791 zunächst an Preußen und wurden nach der Auflösung des Heiligen Römischen Reiches 1806 und einem kurzen Intermezzo unter der Herrschaft Napoleons 1810 dem neugegründeten Königreich Bayern einverleibt – sie versanken daraufhin in Provinzialität. In kultureller Hinsicht machte lediglich der gefeierte Dichter Jean Paul von sich reden, der 1804–25 in Bayreuth lebte.

Aus seinem Dornröschenschlaf erwachte Bayreuth erst 1871 dank Richard Wagner. Nachdem das Projekt eines neuen Theaters zur Aufführung seiner Opern in München gescheitert war, stießen Wagner und seine Frau Cosima bei der Suche nach einem alternativen Standort zufällig auf das Markgräfliche Opernhaus in Bayreuth. Obwohl sie das Theater schließlich als ungeeignet für Wagners neuartige Gesamtkunstwerke beurteilten, entschieden sie sich für das beschauliche Städtchen abseits der Metropolen, um hier die Idee der Festspiele in einem neu erbauten Theater zu verwirklichen. Die Bayreuther Politiker erkannten die Chance für die Stadt und stellten ein Grundstück auf dem Grünen Hügel zur Verfügung; dort wurde 1872–76 das Festspielhaus erbaut. Ab 1874 ließen sich der Komponist und seine Frau auch in der Stadt nieder und wohnten in der für sie errichteten Villa Wahnfried. Mit Beginn der Richard-Wagner-Festspiele 1876 fand Bayreuth eine neue Identität als Festspiel- und Richard-Wagner-Stadt. Nach Wagners Tod 1883 übernahm seine Witwe, die sich als Hüterin seines Erbes verstand, die Leitung der Festspiele und machte sie mit Unterstützung finanzkräftiger Bayreuther Persönlichkeiten zu einem Welterfolg – bis heute lebt der ›Mythos Bayreuth‹. Schon in den 1920er Jahren gerieten die Festspiele ins Fahrwasser des Nationalsozialismus. Winifred, die Ehefrau des 1930 verstorbenen Wagner-Sohns Siegfried, lud Adolf Hitler, der Wagner als »deutschnationales Genie« verehrte, in die Villa Wahnfried ein und machte die Festspiele, so Thomas Mann, zu »Hitlers Hoftheater«. Bayreuth entwickelte sich zu einem kulturellen Symbolort des Dritten Reiches und zu einer Hochburg der NSDAP.

Als Bayreuth 1933 »NS-Gauhauptstadt« wurde, plante man umfangreiche Baumaßnahmen im nationalsozialistischen Architekturstil, die glücklicherweise aber nur zum geringen Teil realisiert wurden. Im Zweiten Weltkrieg erlitt Bayreuth schwere Zerstörungen, aber der historische Stadtkern kam einigermaßen unbeschadet davon. Ab 1951 fanden wieder die Richard-Wagner-Festspiele statt, jetzt unter der Leitung der Wagner-Enkel Wieland und Wolfgang, die den Grünen Hügel von den Schatten der NS-Zeit zu befreien suchten. In den 1960er und 1970er Jahren fielen ganz im Geist der Zeit wichtige Teile historischer Bausubstanz dem Konzept der modernen und autogerechten Stadt zum Opfer, etwa für den Bau des neuen Rathauses oder für den Kaufhausbau am Markt (Maximilianstraße) – Bayreuths zweite Zerstörung. Ein bedeutender Schritt der Nachkriegsgeschichte war die Gründung der Bayreuther Universität 1971, die der Stadt neuen Auftrieb gab. Zu den wichtigsten kulturellen Ereignissen des neuen Jahrtausends gehören das Ende der 58-jährigen Ära Wolfgang Wagner als Festspielleiter 2008 und die Aufnahme des Markgräflichen Opernhauses in die Liste des Weltkulturerbes der UNESCO 2012. Nach einer umfassenden Restaurierung hat das Theater im April 2018 wiedereröffnet und zählt heute zu den TOP-100-Sehenswürdigkeiten Deutschlands.

Stadtgeschichte in Daten

Bamberg

902	erste urkundliche Erwähnung des »castrum Babenberg«
1004	Beginn des Dombaus durch König Heinrich II. (»Heinrichsdom«)
1007	Gründung des Bistums Bamberg durch König Heinrich II. und Kunigunde
1015	Gründung des Benediktinerklosters St. Michael
1024/33	Tod Heinrichs II. bzw. Kunigundes und Bestattung im Dom
1062	Die Pfalz Forchheim fällt an Bamberg.
1081/85	Dombrände
1102–39	Bischof Otto I. der Heilige
1146	Heiligsprechung Heinrichs II.
um 1150	Anlage der bürgerlichen Inselstadt zwischen den beiden Regnitzarmen
um 1190–1237	nach dem zweiten Dombrand Bau des heutigen Doms
1200	Heiligsprechung Kunigundes
um 1220–40	Bamberg ist Zentrum der modernen Skulptur der französischen Gotik.
13. Jh.	Die Bürgerschaft fordert mehr politische Unabhängigkeit vom Bischof.
1370	Bau des ersten Rathauses
1392	Bau des gotischen Chors der Oberen Pfarre
bis ins 14. Jh.	Das Fürstbistum Bamberg konsolidiert sich als geistlicher Staat.
1435–43	Streit zwischen Bischof, Domkapitel und

	Bürgerschaft um die Privilegien der Stifte und Klöster (Immunitäten)
1452–67	Neubau des Rathauses und der Oberen Brücke
1513	Tilmann Riemenschneiders Kaisergrab im Dom
1525	Bauernkriege
1585	Bau von Schloss Geyerswörth
1604	Bau des Gebsattelflügels der Neuen Residenz
1616–31	Hexenprozesse
1618–48	Der Dreißigjährige Krieg wütet auch in Bamberg.
1647	Gründung der Universität
1693–1729	Regierungszeit des Fürstbischofs Lothar Franz von Schönborn: Bamberg entwickelt sich zu einer Barockstadt.
1695–1707	Bau der Neuen Residenz
1711–18	Bau des Schlosses Pommersfelden
1713	Bau der Villa Concordia
1729–46	Regierungszeit des Fürstbischofs Karl Friedrich von Schönborn: Balthasar Neumann ist in Bamberg tätig.
1744–72	Bau der Wallfahrtskirche Vierzehnheiligen
1802/03	Säkularisation: Das Fürstbistum Bamberg wird aufgelöst und fällt an Bayern.
1807/08	Der Philosoph Georg Wilhelm Friedrich Hegel ist Chefredakteur der *Bamberger Zeitung*.
1808–13	E. T. A. Hoffmann lebt in Bamberg, zeitweise als Direktor des Stadttheaters.
1843	Eröffnung des Ludwig-Donau-Main-Kanals
ab Mitte 19. Jh.	Beginnende Industrialisierung; Bamberg ist Zentrum des Hopfenhandels und des Brauwesens.
1945	Bamberg erleidet im Zweiten Weltkrieg nur wenige Zerstörungen.

1979	Neugründung der Universität
1993	Die Altstadt wird in die Liste des Weltkulturerbes der UNESCO aufgenommen.
1998	Eröffnung des Internationalen Künstlerhauses Villa Concordia
2007	Feierlichkeiten zum 1000-jährigen Bestehen des Bistums
2019	Glasfenster von Markus Lüpertz in der Elisabethkirche

Bayreuth

1194	erste urkundliche Erwähnung
1231	erste urkundliche Erwähnung als »Stadt«
1260	Nach dem Aussterben der Grafen von Andechs-Meranien fällt die Stadt an die Burggrafen von Nürnberg aus dem Hause Hohenzollern.
1340	Kulmbach fällt an die Hohenzollern.
1385	Das fränkische Gebiet der Hohenzollern wird in die zwei Fürstentümer Kulmbach (später Bayreuth) und Ansbach geteilt.
1415	Die Hohenzollern erhalten den Markgrafentitel.
1528	Reformation: Markgraf Georg »der Fromme« tritt dem protestantischen Glauben bei.
1603	Verlegung der Residenz von Kulmbach nach Bayreuth
1605/21	große Stadtbrände
1661–1712	Regierungszeit von Markgraf Christian Ernst
1676–91	Ausbau des Alten Schlosses
1699–1701	Anlage des Markgrafenbrunnens
1712–26	Regierungszeit von Markgraf Georg Wilhelm
1715–26	Bau des Alten Schlosses der Eremitage

1716	Gründung der Bayreuther Fayencemanufaktur
1731	Die preußische Königstochter Wilhelmine heiratet den Erbprinzen Friedrich.
1735–63	Regierungszeit des Markgrafen Friedrich: unter dem Mäzenatentum seiner Gemahlin »Wilhelmine von Bayreuth« Blütezeit des Bayreuther Rokoko
1736–56	Ausbau der Eremitage
1741	Gründung der Freimaurerloge
1746–50	Bau des Markgräflichen Opernhauses
1753–59	Bau des Neuen Schlosses
1769	Vereinigung der Markgrafentümer Brandenburg-Bayreuth und Brandenburg-Ansbach
1791	Bayreuth und Ansbach werden an Preußen abgetreten.
1806–10	französische Besatzung
1810	Bayreuth fällt an Bayern.
1871	erster Besuch Richard Wagners
1872–76	Bau des Festspielhauses
1876	erste Richard-Wagner-Festspiele
1883–1930	Nach dem Tod Wagners übernimmt seine Frau Cosima die Festspielleitung.
1923	Adolf Hitler besucht erstmals die Festspiele.
ab 1933	Bayreuth wird NS-Gauhauptstadt; die Festspiele werden vom NS-Regime vereinnahmt.
1945	Kriegszerstörungen
1951	Wiederaufnahme der Festspiele
1971	Gründung der Universität Bayreuth
1990	800-Jahr-Feier der Stadt Bayreuth
2008	Das Markgräfliche Opernhaus wird Weltkulturerbe der UNESCO.
2018	Wiedereröffnung des Opernhauses nach Restaurierung

Kulturkalender

Frühjahr

Januar – **Bamberger Kurzfilmtage:** Festival deutschsprachiger Kurzfilme (verschiedene Kinos)
März – Bayreuth, **Zeit für Neue Musik:** Festival zeitgenössischer Musik (wechselnde Spielstätten)
April – Bayreuth, **Osterfestival:** Konzerte von klassischer Musik bis Jazz (in historischen Bauwerken)
April bis Juli/August – **Musica Bayreuth:** Opern, Konzerte klassischer Musik und Cross Over (Markgräfliches Opernhaus und andere Spielstätten)
Ende Mai / Anfang Juni – Schloss Seehof, **Kammermusikfestival:** Konzerte klassischer Kammermusik
Mai/Juni – Bamberg, **Tage der Neuen Musik:** Konzerte klassischer zeitgenössischer Musik (wechselnde Spielstätten)

Sommer

Juni – Bamberg, **Hegelwoche:** Vorträge von Vertretern aus Wissenschaft, Politik und Kultur zu gesellschaftlich relevanten Themen (Universität)
Zweite Junihälfte – Bayreuth, **Sparda-Bank Open Air Klassik:** Konzerte klassischer Musik in der Altstadt
Ende Juni bis Ende Juli – Bamberg, **Calderón-Festspiele:** Theaterfestival (Alte Hofhaltung, Innenhof)
Zwischen Juni und August – **Bayreuther Klavierfestival:** Klaviermusik von Klassik bis Jazz (Steingraeber-Haus, Markgräfliches Opernhaus)
Juni bis September – Bamberg, **Rosengartenserenaden:** Konzerte klassischer Kammermusik (Rosengarten der Neuen Residenz)

Erstes Wochenende im Juli – Bayreuth, **Bürgerfest:** Stadtfest in der Altstadt, u. a. mit Musikbühnen

Mitte Juli bis Mitte August – Pommersfelden, Schloss Weißenstein, **Collegium Musicum:** Konzerte klassischer Musik

Letztes Wochenende im Juli oder erstes Wochenende im August – Bayreuth, **Sommernachtsfest:** Musik, Unterhaltung und Kulinarik im illuminierten Park der Eremitage

25. Juli bis Ende August – Bayreuth, **Richard-Wagner-Festspiele:** Festival mit Opern Richard Wagners (Festspielhaus)

Ende Juli bis Ende August – **Bamberger Kunst- und Antiquitätenwochen:** Kunsthandel in verschiedenen Galerien und kulturelles Rahmenprogramm

Ende Juli bis Mitte September – Schloss Seehof, **Kammermusikfestival:** Konzerte klassischer Kammermusik

Ende Juli bis Mitte August – Bamberg und Umgebung, **Tucher Blues Jazz Festival:** Open Air Festival

August – Bayreuth, **Festival junger Künstler:** Musikfestival internationaler Nachwuchskünstler (verschiedene Spielstätten)

Ende August – Bamberg, **Sandkerwa:** traditionelles Volksfest in der Altstadt (Sandstraße) mit Fischerstechen auf der Regnitz

Herbst

Zweiter Sonntag im September – Bamberg, Bayreuth und andere Orte, **Tag des offenen Denkmals:** Viele historische Bauten und Stätten, die sonst geschlossen sind, können besichtigt werden.

September – Bamberg, Bayreuth und andere Orte in Oberfranken, **»Artur« – Tage des offenen Ateliers:** Künstler öffnen ihre Ateliers für die Öffentlichkeit.

Dritter Oktober – Bamberg, **Antikmarkt:** internationaler Markt für Antiquitäten und ›Edeltrödel‹ (Fußgängerzone)
Mitte Oktober bis Mitte November – **Bamberger Gitarrentage:** Konzerte unterschiedlicher Musikrichtungen (Johanniskapelle)
Oktober/November – Bayreuth, **Sangeslust:** Festival internationaler Vokalkünstler
November – **Bayreuther Jazz November:** Jazz, Blues und Tanzpartys (verschiedene Spielstätten)

Winter

Dezember – Bamberg, **Krippenweg:** Ausstellung von über hundert Krippen (Kirchen, öffentliche Plätze und andere Orte)

Rundgänge

Bamberg (s. S. 32–33)

Rundgang A: Karolinenstraße (S. 71), Domplatz (S. 35), Dom (S. 35), Neue Residenz (S. 48), Alte Hofhaltung (S. 46), Domherrenhöfe (S. 47), St. Jakob (S. 60), Aufseßstraße mit Bamberger Kreuzweg (S. 56), St. Michael (S. 56)

Rundgang B: Obere Sandstraße (S. 72), Dominikanerstraße (S. 71), Pfahlplätzchen (S. 66), Neuer Ebracher Hof (S. 65), Obere Pfarre (S. 62), St. Theodor (S. 60), Judenstraße (S. 66), St. Stephan (S. 67), Villa Concordia (S. 68), Oberes Mühlviertel (S. 70), Unteres Mühlviertel (S. 70), Schloss Geyerswörth (S. 70)

Rundgang C: Obere Brücke / Altes Rathaus (S. 73), Am Kranen (S. 80), Fischerei (S. 80), Lange Straße (S. 75), Grüner Markt (S. 75), St. Martin (S. 76), Maximiliansplatz (S. 79), St. Gangolf (S. 82)

Ausflugstipps in die Umgebung:

Pommersfelden, Schloss Weißenstein (S. 92); Wallfahrtskirche Vierzehnheiligen (S. 87); Kloster Banz (S. 84)

Bayreuth (s. S. 34)

Rundgang D: Spitalkirche (S. 112), Maximilianstraße (S. 103), Altes Schloss (S. 103), Markgräfliche Kanzlei (S. 110), Stadtpfarrkirche (S. 110), Markgräfliches Opernhaus (S. 106)

Rundgang E: Friedrichstraße (S. 113), Markgrafenbrunnen (S. 115), Neues Schloss (S. 116), Hofgarten (S. 121), Villa Wahnfried (S. 122)

Ausflugstipps in die äußeren Stadtteile und die Umgebung:
Festspielhaus (S. 124); Eremitage (S. 127); Kulmbach (S. 138); Felsengarten Sanspareil (S. 146)

Konzert- und Kongresshalle
Mußstr.
Weide
Weide
Abtsberg
Steinertstraße
Schiffbauplatz
Untere Sandstraße
Maienbrunnen
Am Leinritt
Markus-brücke
Fischerei (Klein-Venedig)
St. Michael
Michelsberger Garten
St. Getreu
Unt. Sandstr.
Elisabethenstr.
Storchsgasse
Michelsberg
Aufseßstraße
Rosen-garten
Residenzstraße
Neue Residenz
Dom-platz
Obere Karolinenstraße
Jakobsberg
Jakobsplatz
Erzbischöfl. Palais
Alte Hofhaltung
St. Jakob
Domstr.
Domstr.
Dom St. Peter und St. Georg
Domherrenhöfe
Maternstraße
Bergstadt
Sutte
Teufelsgraben
Gartenstr.
A. Knöcklein
Karmeliterplatz
Unterer
Panzerleite
Altenburger Str.
Karmelitenkirche St. Theodor
Mittlerer Kaulberg
Altenburg
BAMBERG
RUNDGÄNGE A B C
0
100
200 m

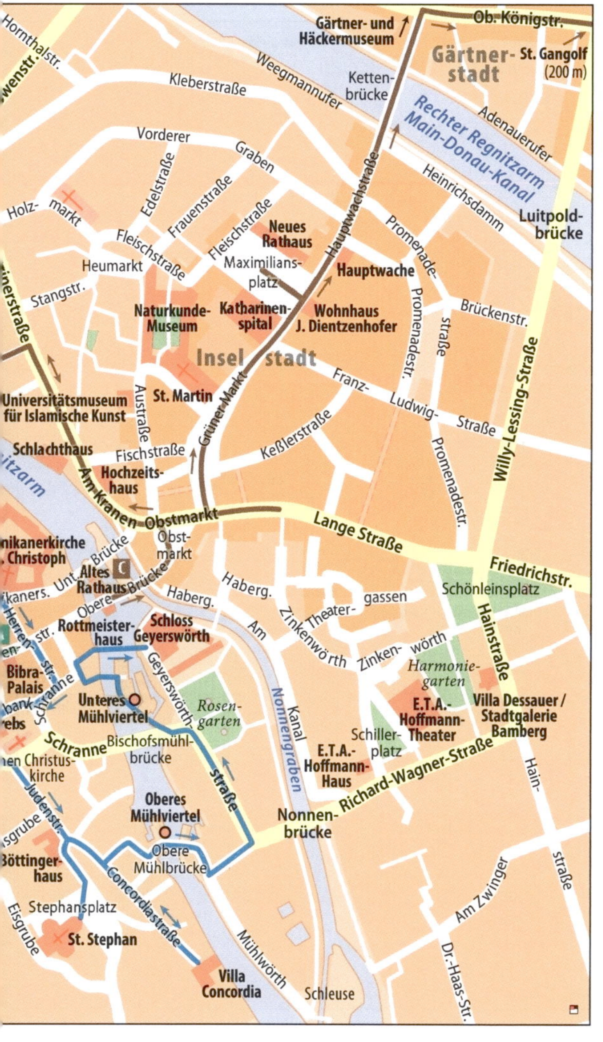

Hornthalstr.
Gärtner- und Häckermuseum
Ob. Königstr.
Gärtner-stadt
St. Gangolf (200 m)
Kleberstraße
Weegmannufer
Ketten-brücke
Rechter Regnitzarm Main-Donau-Kanal
Adenauerufer
Vorderer Graben
Heinrichsdamm
Holz-markt
Edelstraße
Frauenstraße
Fleischstraße
Neues Rathaus
Hauptwachstraße
Promenade-
Luitpold-brücke
Fleischstraße
Heumarkt
Maximilians-platz
Hauptwache
Stangstr.
Naturkunde-Museum
Katharinen-spital
Wohnhaus J. Dientzenhofer
Brückenstr.
Promenadestr.
Promenadestraße
Insel stadt
Universitätsmuseum für Islamische Kunst
St. Martin
Austraße
Grüner Markt
Franz-Ludwig-Straße
Willy-Lessing-Straße
Keßlerstraße
Schlachthaus
Fischstraße
Hochzeits-haus
Am Kranen
Obstmarkt
Promenadestr.
Lange Straße
Obst-markt
Brücke
Altes Rathaus
Unt.
Brücke
Obere
Friedrichstr.
Schönleinsplatz
Haberg.
Haberg.
Theater-gassen
Zinkenwörth
Zinken-wörth
Am
Rottmeister-haus
Schloss Geyerswörth
Hainstraße
Bibra-Palais
Schranne
Unteres Mühlviertel
Geyerswörth-
Harmonie-garten
Rosen-garten
Nonnengraben
Kanal
E.T.A.-Hoffmann-Theater
Villa Dessauer / Stadtgalerie Bamberg
Schranne
Bischofsmühl-brücke
Schiller-platz
Christus-kirche
Straße
E.T.A.-Hoffmann-Haus
Richard-Wagner-Straße
Hain-
Judenstr.
Oberes Mühlviertel
Nonnen-brücke
Böttinger-haus
Obere Mühlbrücke
Concordiastraße
straße
Stephansplatz
Eisgrube
St. Stephan
Am Zwinger
Villa Concordia
Mühlwörth
Schleuse
Dr.-Haas-Str.

BAYREUTH
RUNDGÄNGE D E
0
100
200 m
Festspielhaus
Hauptbahnhof
Stadtviertel St. Georgen
Carl-Schiller-Str.
Schulstr.
Bahnhofstraße
Tunnelstraße
Am Jägerhaus
Casselmannstr.
Friedrich-Puchta-Str.
Wiesenstr.
Neuer Weg
Harburgerstr.
Mainstr.
85
22
Kolping-platz
Roter Main
Hohen-
zollern-
ring
Hohenzollern-platz
Luitpold-platz
Alexanderstr.
Josephs-platz
A.-Dürer-Str.
Wölfelstraße
Kanalstraße
Schulstr.
Spital-kirche
D
La-Spezia-Platz
Palais d'Adhémar
Opern-str.
Redouten- und Komödien-haus
Telemannstr.
2
Münzgasse
Mühlkanal
Maximilianstr.
Von-Römer-Str.
Spitalg.
Sophienstr.
Markt
Kirchgasse
Maximilian-straße
Altes Schloss
Altes Rathaus
Schloss-kirche
Markgräfliches Opernhaus
Badstraße
Kämmereigasse
Historisches Museum
Kirchplatz
Kanzleistr.
Hofapotheke
W.-Siemens-Str.
Dammallee
Markgräfliche Kanzlei
Richard-Wagner-Straße
Stadtpfarrkirche Heilige Dreifaltigkeit
Regierung Oberfranken
E
Ellrodtscher Gartenportikus
Liebhardtsches Palais
Markgrafen-brunnen
Dammwäldchen
Friedrich-
Ellrodtsches Palais
Ludwigstraße
Residenz-platz
Richard-Wagner-Museum (Haus Wahnfried)
Neues Schloss
Deutsches Freimaurer-museum
Postei
Jean-Paul-Denkmal
Luther-haus
Waisen-haus
Jean-Paul-Platz
Friedrichs-forum
Schwanen-insel
Wittelsbacherring
Meyernsches Palais
str.
Hofgarten
Wilhelminen-
Palais Künsberg
straße
Parkstr.
Große Insel
höfen
Rathenaustr.
Jean-Paul-Straße
Wittelsbacherring
P.-Rosegger-Str.
Moritzhöfen
Kollerstr.
Moritz-
B.-Neumann-Str.

Bamberg: Zwischen geistlicher Bergstadt, Regnitzufer und der Insel Geyerswörth

Domplatz: Im Mittelalter gelangte man nur über eine steile Treppe von der Stadt auf den Domberg, der zwar das geistliche Zentrum und Sitz der politischen Macht war, im städtischen Leben der Bürger aber kaum eine Rolle spielte. Die Auffahrt der Karolinenstraße wurde erst im 18. Jh. angelegt: Seitdem bildet der Domplatz den Endpunkt der barocken Straßenachse durch die Stadt. Zunächst fällt der Blick auf den Eckpavillon der Neuen Residenz, der auf diese Straße ausgerichtet ist. Anschließend öffnet sich der weite Platz; er ist eingefasst von einem Ensemble aus Bauten verschiedener Epochen: mittelalterlicher Dom, Alte Hofhaltung der Renaissance und Neue Residenz des Barock.

Der **Dom St. Peter und St. Georg**, das Wahrzeichen der Stadt und ein bedeutendes Bauwerk am Übergang von der Romanik zur Gotik, erhebt sich mit seinen vier Türmen weithin sichtbar auf dem Domberg. Er ist untrennbar mit der Gründung des Bistums Bamberg durch König Heinrich II., den späteren Kaiser, verbunden: In seinem Auftrag entstand 1004–12 der Ursprungsbau als Zeichen seines politischen Anspruchs im Heiligen Römischen Reich, vergleichbar mit anderen großen deutschen Kathedralen des Mittelalters, etwa in Speyer oder Magdeburg. Zugleich sollte der Dom die Grablege Heinrichs und seiner Gemahlin Kunigunde aufnehmen. 1181 und 1185 wurde er durch Brand beschädigt. Auf die Initiative von Bischof Otto II. aus dem mächtigen Geschlecht von Andechs-Meranien wurde etwa 1190–1237 der heutige Dom gebaut. Da er aber an den Vorgängerbau erinnern sollte, orientierte man sich nicht am damals modernen Stil, sondern schuf eine eher ›altmodische‹ Kathedrale. Noch während der Bauausführung

Blick vom Schloss Geyerswörth auf den Bamberger Dom

gab es, wie im Mittelalter bei Großprojekten häufig, mehrere Planwechsel, da man sich offensichtlich nicht einigen konnte, wie genau man das alte Vorbild kopieren wollte. Sollte man ein Langhaus mit traditioneller hölzerner Flachdecke wie im »Heinrichsdom« bauen? Oder ein Langhaus mit einem zeitgemäßen Gewölbe, wie es seit dem Dom von Speyer eigentlich für bedeutende Kirchenbauten unverzichtbar war? Nach mehrfachem Hin und Her entschied man sich für die modernere Lösung der Wölbung, behielt aber die konservative, noch romanisch geprägte Gesamterscheinung des Neubaus bei. Die architektonische Grundform lehnt sich eng an den »Heinrichsdom« an: eine kreuzförmige Basilika mit Krypta, westlichem Querhaus und zwei Chören auf der Ost- und Westseite, die jeweils von einem Turmpaar flankiert werden. Am 6. Mai 1237 wurde der Dom in Anwesenheit zahlreicher Würdenträger feierlich eingeweiht: ein in Stein gehauenes Symbol der Macht des Bischofs und des Domkapitels, zugleich Grabeskirche und Denkmal für das 1146 bzw. 1200 heiliggesprochene Stifterpaar Heinrich und Kunigunde – aber anders als heute keine Kirche für die Stadtbürger. Im 17. Jh. wurde der Dom im Inneren prachtvoll barock ausgestattet; die farbigen Glasfenster und die mittelalterlichen Bemalungen fielen dieser Modernisierung zum Opfer. 1765–68 brachte der Barockarchitekt Johann Michael Küchel die zwei Turmpaare auf eine einheitliche Höhe und setzte ihnen die Spitzhelme auf. 1828–37 ließ der bayerische König Ludwig I. die Barockausstattung im Inneren entfernen, um den Dom »in dem Geiste seines Styles wiederherzustellen«, ihm also sein vermeintlich mittelalterliches Erscheinungsbild zu geben – erst seitdem präsentiert sich der Dom wie viele andere mittelalterliche Kirchen in steinsichtiger Architektur.

Die Gesamtsilhouette des **Außenbaus** bestimmen das Langhaus und die beiden hohen Turmpaare im Westen und Osten. Die schlichte Architektur des Langhauses, das in Anlehnung an den »Heinrichsdom« nur durch Lisenen, Rundbogenfriese und Rundbogenfenster artikuliert ist, bildet einen scharfen Kontrast zur ungewöhnlich reich geschmückten **Ostpartie** im Stil der rheinischen Spätromanik, die wie eine prachtvolle Schauseite zur Stadt angelegt ist: Die Apsis zwischen den flankierenden Türmen gliedern zweigeschossige, mehrfach abgestufte Blendbögen mit großen Fensteröffnungen, schmuckreiche Horizontalgesimse und eine abschließende Zwerggalerie. In die Untergeschosse der Türme sind das Adams- und das Gnadenportal eingefügt, wie das Fürstenportal auf der Nordseite wichtige Beispiele für die damals neue Form des Kirchenportals, das nach Vorbildern der französischen Gotik mit Skulptu-

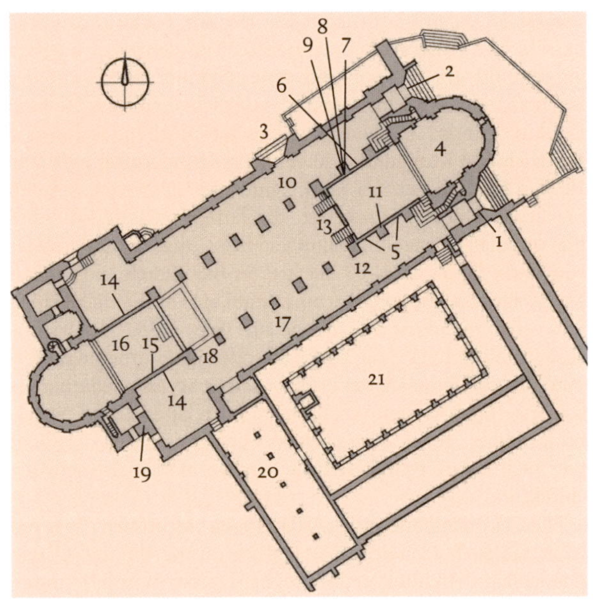

Grundriss des Bamberger Doms (die Ziffern verweisen auf die im Text genannten Ausstattungsstücke)

ren geschmückt ist. Das **Gnaden-** oder **Marienportal** (1 – die Ziffern beziehen sich auf den Grundriss oben) rechts (1200–20), der Zugang für das Domkapitel, mit dem Relief über der Tür – einer thronenden Maria mit Kind sowie dem Stifterpaar Heinrich und Kunigunde und Heiligen – wirkt wegen der ›strengen‹ Figuren noch ziemlich altertümlich. Beim **Adamsportal** (2) links mit auffälliger Zickzack-Rahmung (um 1210) verraten die erst um 1235 hinzugefügten Gewändefiguren von Stifterpaar, Heiligen sowie Adam und Eva den modernen französischen Geschmack. Adam und Eva sind hier – neu in der mittelalterlichen Kunst – als freistehende, lebensgroße Aktfiguren gezeigt (vor Ort Kopien). Berühmt ist vor allem das **Fürstenportal** (3; s. hintere Buchklappe unten) auf der Nordseite (um 1225), der Haupteingang für den feierlichen Einzug des Bischofs – daher seine prachtvolle Ausgestaltung mit einem trichterförmigen, vielfach abgestuften Gewände, das mit Säulen, Rundbögen und zahlreichen Figuren (Kopien, Originale im Diözesanmuseum) geschmückt ist. Die Propheten und Apostel, die übereinander im Gewände stehen, gehören thematisch zu den großen seitlichen Figuren der *Synagoge* und der *Ecclesia* (Kopien, Originale im Dom): Sie verkörpern das Zeitalter des Alten Bundes bzw. des Judentums und das des Neuen Bundes, also der christlichen Kirche. Darauf folgt das dritte Zeitalter, das *Weltgericht* über dem Türsturz, die früheste Darstellung des Themas an einem Portal in Deutschland. Die lebendigen Bewegungen der Figuren und ihre expressiven Gesichter, vor allem der Verdammten, sollten den eintretenden Betrachter emotional direkt ansprechen und ihn mahnend an den rechten Weg erinnern. Diese neue Darstellungsweise haben wahrscheinlich wandernde Bildhauer vermittelt, die aus den Werkstätten der Kathedralen von Reims und Straßburg nach Bamberg gekommen waren. Weiter im **Westen** ragt das zweite **Turmpaar** auf; die beiden Türme sind ziemlich genau nach dem Vorbild der frühgotischen Kathedrale von Laon erbaut, wie an den polygonalen Ecktürmchen zu erkennen ist.

Im **Inneren** erstreckt sich wie beim Außenbau zwischen den beiden aufwendigen, erhöhten Choranlagen und dem westlichen Querhaus ein dreischiffiges Langhaus in schlichten Formen; sie erklären sich wie der altertümliche Grundriss im gebundenen System – einem quadratischen Mittelschiffsjoch entsprechen zwei kleine Seitenschiffsjoche – aus der bewussten Anlehnung an die Architektur des Vorgängerbaus Heinrichs II. Außerdem verrät die einfache Architektur des Innenraums mit ihren ungegliederten Wandflächen – vor allem am Obergaden und im Querhaus – und den klar strukturierten, schweren Gewölben den Einfluss von Zisterzienserbauten, etwa des nahen Klosters Ebrach. Jede Pfeiler- oder Wandvorlage in kantiger oder runder Form trägt einen Bogen oder eine Rippe des Gewölbes. An den unterschiedlichen Pfeiler- und Gewölbeformen kann man zudem eine stilistische Entwicklung von der Spätromanik im Ostchor und im Langhaus zur Frühgotik im Westteil erkennen: Vor allem im Westchor sind die Vorlagen und Rippen schlanker und stärker abgestuft – eben ›gotischer‹. Im älteren St. Georgschor im Osten finden sich interessante Spuren der mehrfachen Planänderungen während der Bauarbeiten, so etwa die funktionslosen Wandvorlagen, die den Wechsel vom sechsteiligen zum vierteiligen Gewölbe bezeugen. Die für romanische Kirchen typische **Krypta** im Osten, heute über zwei moderne Treppen zugänglich, ragt weit in das Langhaus hinein und bewirkt die Erhöhung des Chors. Es handelt sich um eine dreischiffige Hallenkrypta mit schweren Kreuzrippengewölben auf wuchtigen, abwechselnd runden und polygonalen Pfeilern, teilweise mit skulptierten Kapitellen.

Als kunsthistorisch hochbedeutend gilt die **Ausstattung mit Skulpturen** im Inneren, die im Unterschied zur Architektur wie schon bei den Außenportalen fortschrittlich war und Bamberg zwischen 1220 und 1240 unter dem Einfluss der neuesten Tendenzen der gotischen Skulptur Frankreichs zu einem Zentrum der Bildhauerkunst von europäischem Rang machte – ohne dass wir die Namen der Künstler aus Reims kennen. Eine gotische Neuerung war nicht nur der Stil der Figuren, sondern auch die Grundidee, das Innere des Kirchenraums so reich mit

Skulpturen auszustatten – hier konzentriert im **Ostchor** (4). Die **Chorschranken** (um 1225) zwischen den Mittelschiffspfeilern zeigen auf den Außenseiten zu den Seitenschiffen von Blendarkaden überfangene Reliefs mit den Figurenpaaren der Apostel (Südseite, 5) und Propheten (Nordseite, 6). Vor allem die Propheten (manche im intensiven Gespräch) beeindrucken durch ihre Plastizität, die heftig bewegten Gewänder und ihre expressive Gestik und Mimik, die den Figuren geradezu ›Leben einzuhauchen‹ scheinen: die für die mittelalterliche Skulptur neuartige Wirklichkeitsnähe der französischen Skulptur der Gotik (siehe vor allem *Jona* und *Daniel* in der zweiten Arkade). Von der damals modernen Bauskulptur der Kathedrale von Reims sind auch die berühmten **Figuren** unter Baldachinen **an den Pfeilern** zwischen den nördlichen Chorschranken beeinflusst (1230er Jahre): Künstlerisch besonders qualitätvoll sind die Statuen einer alten Frau (7; bisweilen als *Elisabeth* interpretiert) und einer *Maria* (8) mit ihren üppigen, um den Körper geschlungenen Gewändern, die wohl eine Kenntnis antiker Gewandfiguren bezeugen. Von der in die Ferne blickenden alten Frau mit ihrem ungewohnt realistisch wiedergegebenen, deutlich gealterten, ausgezehrten Gesicht geht eine eigentümliche Suggestionskraft aus. Der Engel (9) fällt durch sein Lächeln auf (»Reimser Lächeln«). Die berühmteste Figur ist jedoch der **Bamberger Reiter** am Eingangspfeiler des Chors (10), eine im Kircheninneren ungewöhnliche lebensgroße Reiterfigur und eines der bedeutendsten plastischen Werke des Mittelalters überhaupt. Pferd und Reiter scheinen frei auf der Konsole zu stehen, sind tatsächlich aber ein Hochrelief, das fest mit dem Pfeiler verbunden ist und ehemals farbig gefasst und teilweise vergoldet war. Der jugendliche Reiter im vornehmen Mantel hat sein sehr naturgetreu wiedergegebenes Pferd zum Stehen gebracht – die Zügel waren einst straff gespannt – und blickt in die Ferne. Die Krone auf seinem Haupt mit halblan-

Der *Bamberger Reiter* im Dom

gem Lockenhaar weist ihn als König aus. Über seine Identität haben sich Generationen von Forschern den Kopf zerbrochen – die Vorschläge reichen von den Kaisern Konstantin, Heinrich II. und Friedrich Barbarossa über den hl. König Stefan von Ungarn bis (in der NS-Zeit) zum »Edlen deutschen Ritter«. Neueste Untersuchungen sind zu dem überzeugenden Ergebnis gekommen, dass die Figur nicht, wie es heute scheint, als einzeln stehendes Reiterdenkmal einer historischen Persönlichkeit konzipiert war. Sie sollte vielmehr zu einer Gruppe von großen Figuren mit der *Anbetung der Heiligen Drei Könige* gehören, die für den Lettner des Ostchors geplant war, der in der Barockzeit abgetragen wurde; dargestellt ist wohl der jüngste der Könige. Auch die Pfeilerfiguren im Seitenschiff waren als Teile von Figurenensembles geplant – so etwa die alte Frau als Prophetin Hanna in einer ebenfalls für den Lettner vorgesehenen *Darbringung Jesu im Tempel*. Da diese Ensembles aus Geldmangel nicht mehr ausgeführt wurden, kamen die fertiggestellten Skulpturen bereits im Mittelalter als Einzelfiguren an die heutigen Standorte. Denn die bauliche Vollendung des Doms 1237 hatte zu viel Geld verschlungen und dem Bistum einen hohen Schuldenberg hinterlassen. An den Pfeilern im südlichen Seitenschiff stehen heute die Originale der **Synagoge** (11) und der **Ecclesia** (12) vom Fürstenportal (beide um 1225), deren Lebendigkeit erneut an Vorbilder der Kathedrale von Reims, aber auch des Straßburger Münsters erinnert. Besonders eindrucksvoll ist die *Synagoge* mit verbundenen Augen und gebrochener Lanze, deren elegant gedrehte Gestalt sich auffallend unter dem dünnen Kleid mit schrägen Faltenbahnen abzeichnet und das damalige Ideal einer schönen Frau zeigt.

Ein weiteres hochbedeutendes Kunstwerk ist das **Kaisergrab** (13), das Tilman Riemenschneider, einer der wichtigsten deutschen Bildhauer und -schnitzer am Übergang von der Spätgotik zur Renaissance, zusammen mit seiner Werkstatt

1499–1513 im Auftrag des Domkapitels und des damaligen Bischofs geschaffen hat. Die Neugestaltung der alten Grabstätte des heiliggesprochenen Herrscherpaars Heinrich II. und Kunigunde fast 500 Jahre nach deren Tod erfolgte aus mehreren Gründen: die Jubiläen der Heiligsprechung Kunigundes 1500 und der Bistumsgründung 1507, die Tatsache, dass die verehrten Gebeine des Kaiserpaars das Ziel ganzer Pilgerströme waren, und schließlich auch die Konkurrenz zum gleichzeitigen Grabmal des Stadtgründers Sebaldus in Nürnberg – Wallfahrten waren einträgliche Geschäfte. Riemenschneiders Grabmal aus kostbarem marmorartigem Solnhofener Kalkstein mit Vergoldungen stand ursprünglich in der Mitte des Langhauses und war, wie bei Heiligengräbern verbreitet, auf der Westseite mit einem Altar verbunden (hier jetzt eine Bronzeplatte mit Inschrift; seit 1971 steht das Grabmal, nach mehrfacher Versetzung im 17. und 19. Jh., zwischen den Treppen zum Ostchor). Die Form des Grabs verbindet zwei Typen – entsprechend dem doppelten Status des Kaiserpaars als herrscherliche Stifter und Heilige: das Hochgrab mit den prachtvoll gekleideten Liegefiguren der Verstorbenen, die für Herrschergrabmäler üblich waren, und die bei Heiligengräbern beliebten Reliefs an den Seiten des Sarkophags mit Darstellungen aus dem Leben Heinrichs und Kunigundes, darunter etwa die *Feuerprobe* (Beweis für Kunigundes eheliche Treue).

Weitere beachtenswerte Ausstattungsstücke sind: die **Peterschorschranken** (14) von 1240 und das Peterschorgestühl (15) des späten 14. Jh.s sowie das marmorne **Grab Clemens II.**, das einzige Papstgrab nördlich der Alpen und Rest einer größeren Anlage (16; nicht zu besichtigen); ferner die wenigen erhaltenen Beispiele der einst zahlreichen **Grabmäler der Bischöfe** (die meisten bei der Restaurierung des Doms im 19. Jh. entfernt) wie das Grab des Bischofs Ekbert von Andechs-Meranien (17; nach 1237) und das Grab des Bischofs Friedrich von Hohenlohe (18), der – für die Zeit ungewöhnlich – als alter, hinfälliger Mann gezeigt wird: ein bedeutendes Werk der deutschen Skulptur des 14. Jh.s und ein wichtiges frühes Beispiel für den neuen Typ des aufgerichteten Wandepitaphs anstelle des Bodengrabs; außerdem der **Marienaltar** von Veit Stoß von 1520–23 (19) mit für spätgotische Schnitzaltäre ungewöhnlichen szenischen Darstellungen aus dem Leben Jesu und Mariens wie *Geburt und Anbetung Jesu* (in der Mitteltafel ist die Figurenkomposition nicht mehr ganz original; die Seitenflügel sind unvollständig erhalten und anders zusammengesetzt), die mit dem ursprünglichen Aufstellungsort zusammenhängen: der Nürnberger Kirche der Karmeliten, die als Hauptgegner der Reformation eine Vorliebe für diese Themen hatten; stilistisch hat Veit Stoß hier den für seine früheren Schnitzaltäre charakteristischen virtuosen Detailreichtum aufgegeben zugunsten einer klaren Modellierung der Figuren, die auch miteinander agieren – erste Einflüsse der Renaissancekunst. Im Zuge der Reformation wurde der Altar aus der Nürnberger Kirche entfernt und 1543 ins katholische Bamberg gebracht.

An das südliche Querhaus schließt die **Nagelkapelle** (20) an, im Kern der in frühgotischen Formen des 13. Jh.s angelegte Kapitelsaal, der ursprünglich zu den klosterartigen Bauten für die Domherren gehörte, aber ab der Mitte des 14. Jh.s nur noch als deren Grablege (Sepultur) diente und 1431–59 erweitert wurde (daher die noch heute zahlreichen Grabdenkmäler der Domkapitulare, die bis 1762 im Boden eingelassen waren). Der heute übliche Name stammt von einer Reliquie: Seit dem 18. Jh. wird der Heilige Nagel vom Kreuz Christi in einem Reliquiar von 1485 gezeigt (die Kapelle wird nur für liturgische Zwecke geöffnet).

Domkapitelhaus: Südlich des Doms befindet sich der ehemalige Sitz des Domkapitels, einer mächtigen Gemeinschaft von ursprünglich meist adeligen Priestern, die neben dem Lesen der täglichen Messen im Dom den Bischof bei der Verwaltung des Bistums unterstützten – und sich mit ihm oft heftige Machtkämpfe lieferten. 1730–33 ließen die Domherren an den mittelalterlichen Baukomplex mit dem spätgotischen Kreuzgang (21) ein neues Kapitelhaus nach Entwürfen des berühmten Architekten Balthasar Neumann anbauen, dessen Hauptfassade aus Sandstein sich durch einen Mittelrisalit mit Kolossalpilastern und Dreiecksgiebel auszeichnet. Der Bau (im Inneren mit einigen schönen weißen Stuckdecken von Franz Jakob Vogel und Sebastian Binkart) beheimatet das **Diözesanmuseum**, das aus der Domschatzkammer hervorgegangen ist und eine herausragende Sammlung von liturgischen Geräten und Gewändern sowie Reliquienbehältern zeigt, insbesondere kostbare Objekte, die Kaiser Heinrich II. und seine Gemahlin Kunigunde an den Dom gestiftet haben. Zu den Höhepunkten gehören einzigartige mittelalterliche Textilien, insbesondere die sog. Kaisermäntel wie der goldbestickte **Sternenmantel Kaiser Heinrichs**, das vollständige Ornat aus dem Grab von Papst Clemens II. und das byzantinische Gunthertuch (alle 11. Jh.); ferner fränkische Skulptur der Spätgotik und des Barock sowie, im gotischen Kreuzgang, die Originalfiguren der Domportale und anderer Bamberger Kirchen.

Die **Alte Hofhaltung** war bis zum Bau der Neuen Residenz Ende des 17. Jh.s der Wohn-, Verwaltungs- und Regierungssitz der Bamberger Fürstbischöfe. Die Anlage ging aus der Pfalz hervor, die Kaiser Heinrich II. im 11. Jh. anstelle der alten Burg der Babenberger Herzöge für sich und den ersten Bamberger Bischof errichtet hatte. Nach einem verheerenden Brand 1185 wurde das Gebäude mit zwei Kapellen weitgehend erneuert und bis ins 16. Jh. mehrfach erweitert. Da 1777/78 zahlreiche baufällige Abschnitte abgetragen werden mussten, steht heute nur noch ein Teil des Komplexes, der (abgesehen von wenigen

Überresten) aus dem 15. und 16. Jh. stammt. Kunsthistorisch interessant sind vor allem die ab 1568 im Stil der deutschen Renaissance erbaute Neue Ratsstube und die Schöne Pforte, die dem Komplex erstmals ansatzweise eine Fassadengestaltung zum Domplatz verliehen: die **Neue Ratsstube** nach Art eines Bürgerhauses mit abgestuftem Giebel und asymmetrischem Erker, der von einer spätgotischen Konsole mit einem Selbstporträt des Architekten Asmus Braun getragen wird, sowie einem seitlichen Treppenturm; die reich verzierte **Schöne Pforte** mit Hermenpilastern und einem Figurenfries, der Maria mit dem getreu wiedergegebenen Dommodell zeigt, flankiert vom Kaiserpaar Heinrich und Kunigunde (Bildhauer: Pankraz Wagner), sowie die etwas unbeholfen antiken Flussgöttern nachempfundenen Liegefiguren von Main und Regnitz. Um den weitläufigen, unregelmäßigen **Innenhof** hat sich die spätgotische Architektur erhalten: ein massiv gemauertes Erdgeschoss, Fachwerk mit umlaufenden Galerien im Obergeschoss und steile Satteldächer. Heute zeigt hier das **Historische Museum Bamberg** Kunst, Kultur und Geschichte der Stadt von der Vorgeschichte bis in die Gegenwart, mit interessanten Dauerausstellungen, darunter die von der UNESCO preisgekrönte Abteilung »Im Fluss der Geschichte. Bambergs Lebensader Regnitz« sowie »Von der Romantik bis zur Gründerzeit. Bürgerkultur im 19. Jahrhundert in Bamberg« und »Jüdisches in Bamberg«.

Domherrenhöfe (Domplatz 1–3, Domstraße 2–13, Obere Karolinenstraße 1–7): Nachdem das Domkapitel schon im 13. Jh. das Gemeinschaftsleben aufgegeben hatte, entstanden im Laufe der Jahrhunderte auf dem Domberg eigenständige Wohnsitze der Domherren. Die meisten stammen aus dem 15.–18. Jh. – vom Fachwerkhaus bis zum prachtvollen Barockpalais. Die Gebäude sind nicht zu besichtigen (sie werden unter anderem als Erzbischöfliches Palais und Dompfarrhof genutzt), bilden aber ein höchst reizvolles, eigenes Stadtviertel mit verwunschener Atmosphäre, abseits der Touristenströme.

- **Neue Residenz:** Als die Alte Hofhaltung neben dem Dom den gestiegenen Repräsentationsbedürfnissen der Bamberger Fürstbischöfe nicht mehr genügte, entstand gegenüber in zwei Bauphasen (1604–13 und 1697–1702) ein neuer, standesgemäßer Wohnsitz: das politische Zentrum der Stadt. Anfang des 17. Jh.s ließ Fürstbischof Johann Philipp von Gebsattel die ersten beiden Trakte bauen, den sog. **Gebsattelbau** – eine bis auf einen Ziergiebel schmucklose, aber monumentale Architektur mit langen Fensterreihen nach Art der deutschen Renaissance. Mit dem Tod des Auftraggebers 1609 und dem Dreißigjährigen Krieg (1618–48) kamen die Bauarbeiten zum Erliegen. Erst mit der Wahl von Lothar Franz Graf von Schönborn 1693 zum Fürstbischof von Bamberg wurde die Planung weitergeführt. Zugleich Fürstbischof und Kurfürst von Mainz sowie Erzkanzler des Heiligen Römischen Reiches, besaß er genug politische Macht, um den Widerstand des Domkapitels gegen den repräsentativen Neubau zu brechen. Er ließ die Residenz von seinem Architekten Leonhard Dientzenhofer um zwei Flügel erweitern. Dieser groß angelegte, L-förmige **Schönbornbau**, die erste große Barockresidenz in Franken, machte dem Dom, der nun nicht mehr allein den Domberg beherrschte, optisch ernsthaft Konkurrenz: Die Kathedrale wurde zu einem Teil der fürstbischöflichen Residenz – ein Abbild der realen Machtverhältnisse. Ein neues Projekt von 1699 für eine damals hochmoderne Dreiflügelanlage um den Domplatz hätte diese Tendenz noch weiter verstärkt, wurde aber nicht realisiert. Der Nachfolger im Bischofsamt konnte wegen unüberwindlicher Konflikte mit dem Domkapitel weitere Ausbaupläne, unter anderem von Balthasar Neumann, nicht umsetzen und musste sich mit einigen neu ausgestatteten Innenräumen zufriedengeben. Nach der Auflösung des Fürstbistums Bamberg 1802/03 fiel das

Schloss an Bayern. Als König Otto von Griechenland, zweiter Sohn des bayerischen Königs Ludwig I., mit seiner Gattin Amalie nach der erzwungenen Abdankung 1862 aus Athen zurückkehrte, diente ihnen das Schloss bis 1875 als Residenz.

Beim **Außenbau** orientierte sich Leonhard Dientzenhofer an den drei Geschossen des Gebsattelbaus, stattete die Fassaden aber mit Pilasterordnungen in Superposition aus; er stellte also geschossweise verschieden geformte Säulenordnungen übereinander, allerdings in flacher Variante als Pilaster: dorisch im Erdgeschoss, ionisch im ersten und korinthisch im zweiten Obergeschoss. Diese Gliederung wirkt an den langen Baukörpern etwas kleinteilig und monoton und war bei Fertigstellung der Neuen Residenz 1702 eigentlich auch schon nicht mehr modern, sollte vielleicht aber ganz bewusst an das Kolosseum erinnern (dort war die Superposition vorgeprägt) – ein Symbol des antiken Roms der Kaiserzeit, dem Vorläufer des damaligen kaiserlichen Wiens: Bereits die Architektur der Residenz huldigte dem Kaiser als oberstem Herrscher des Reiches (die Innenausstattung führt dieses Konzept noch deutlicher vor).

Im **Inneren** lässt sich anhand der gut erhaltenen Ausstattung der 40 Prunkräume mit Stuckdecken mit eingefügten Gemälden sowie mit Möbeln und Wirkteppichen des 17. und 18. Jh.s das Leben am fürstbischöflichen Hof sehr gut nachvollziehen. Vom Haupteingang führt, wie in Schlössern üblich, eine **Prunktreppe** mit stuckierten Gewölben in die oberen Geschosse mit den wichtigsten Repräsentations- und Wohngemächern. Die Form der eng um einen Mittelschacht geführten Treppe ist für die Zeit um 1700 vergleichsweise traditionell. Von hier erreicht man zunächst die **Fürstbischöflichen Zimmer** im ersten Obergeschoss (Räume Nr. 15–22), das endgültige Appartement von Fürstbischof Lothar Franz von Schönborn und seinen Nachfolgern, die einige Räume im Laufe des 18. Jh.s teilweise umgestalteten – daher die verschiedenen Stilstufen

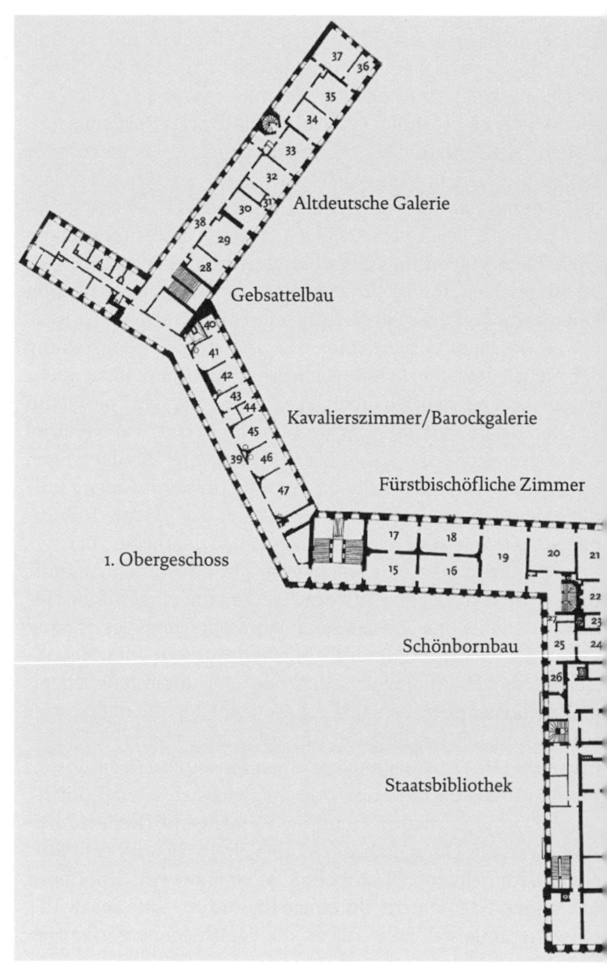

Grundriss der Bamberger Neuen Residenz

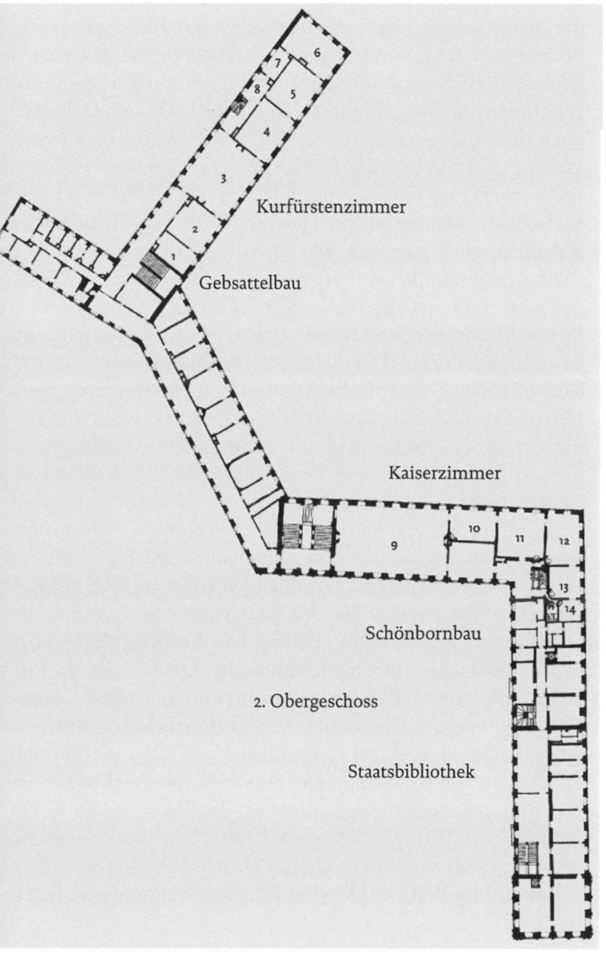

6
7
8
5
4
3
Kurfürstenzimmer
2
1
Gebsattelbau
Kaiserzimmer
10
11
12
9
13
14
Schönbornbau
2. Obergeschoss
Staatsbibliothek

der Raumausstattung: von den schweren barocken Stuckdecken (um 1703) von Johann Jakob Vogel mit eingelassenen Ölgemälden im ersten Vorzimmer (15), im großen Speisesaal (19) und im Audienzzimmer (20) über die leichteren Dekorationen im französischen Régencestil von etwa 1730 im zweiten Vorzimmer (16) bis zu den Stuckaturen im frühklassizistischen Stil von 1773 im Tafelzimmer (17) und im Weißen Saal (18). Kunsthistorisch besonders bedeutend ist das **Chinesische Kabinett** von 1703 (22), wie in Schlössern von deutschen Reichsfürsten üblich als besonders privates Gemach am Ende des Appartements angelegt: eines der ersten Beispiele der im Reich aufkommenden Ostasienmode, mit Holzvertäfelungen aus Nussbaum und Lackmalereien im chinesischen Stil. Auf Konsolen wird eine Porzellansammlung präsentiert, meist Delfter Fayencen. Die anschließenden Räume (25–27) sind König Otto von Griechenland und seiner Gattin Amalie gewidmet. Auf der anderen Seite der Prunktreppe liegen die **Kavalierszimmer** des Gebsattelbaus (41–47), ein von Fürstbischof Adam Friedrich von Seinsheim eingerichtetes Gästeappartement im Stil des späten Rokoko (1773 vollendet), heute wie der anschließende Flügel (28–37) von der **Staatsgalerie in der Residenz**, einer Zweigstelle der Bayerischen Staatsgemäldesammlungen, als Museum genutzt. Die **Barockgalerie** zeigt Werke deutscher und niederländischer Malerei des 17. und 18. Jh.s, die zum Teil aus der alten fürstbischöflichen Sammlung der Residenz stammen. In der **Altdeutschen Galerie** ist spätgotische Malerei des 15. und frühen 16. Jh.s aus Köln und Franken zu sehen, darunter eine Auswahl von Werken aus der berühmten Sammlung der Kölner Brüder Boisserée, die König Ludwig I. von Bayern 1827 teuer gekauft hat, sowie Gemälde von Hans von Kulmbach, Lucas Cranach d. Ä. und vor allem das berühmte Werk *Die Sintflut* von Hans Baldung gen. Grien (1516).

Die Haupttreppe führt im zweiten Obergeschoss direkt in den Kaisersaal und das dahinterliegende Kaiserappartement, eine 1698–1720 von Lothar Franz angelegte, besonders repräsentative Raumfolge, die dem Kaiser aus Wien oder anderen hochrangigen Gästen bei Besuchen als Wohnung diente – die Reichsfürsten mussten traditionell über hinreichend Räumlichkeiten verfügen, um den reisenden Kaiser als Reichsoberhaupt beherbergen zu können, unabhängig davon, ob er denn tatsächlich einmal kam. Den **Kaisersaal** (9), den bedeutendsten und aufwendigsten Raum der Residenz, stattete der Tiroler Maler Melchior Steidl nach italienischen Vorbildern mit perspektivisch gemalter, prunkvoller Scheinarchitektur und einer mittleren Öffnung auf den Himmel aus, um den niedrigen Raum höher erscheinen zu lassen. Steidl war für den Fürstbischof Lothar Franz allerdings nur die zweite Wahl, nachdem

Der Kaisersaal in der Bamberger Neuen Residenz

die Bemühungen um den ungleich berühmteren italienischen Maler Andrea Pozzo an dessen zu hohen Honorarforderungen gescheitert waren. Das komplizierte figürliche Bildprogramm, auf das der Auftraggeber persönlich Einfluss genommen hat, zeigt an den Wänden die deutschen Kaiser vom Gründer des Bamberger Bistums, Heinrich II., bis zum damals regierenden Kaiser Joseph I. Mit den römischen Kaisern in den Medaillons und den *Vier Weltherrschaften* (assyrisch-babylonische, persische, griechisch-makedonische und römische) in den Gewölbeecken werden ihre Vorläufer präsentiert. Die Wahlsprüche und Szenen der monochromen Bilder spielen auf die Herrschertugenden und den katholischen Glauben an. In diesem Sinn ist auch das Deckenbild mit dem *Triumph der Weisheit* zu interpretieren: Die Weisheit, die begleitet von anderen Tugenden wie Gerechtigkeit und Stärke auf einem Triumphwagen am Himmel fährt, steht für die gute Regierung des Kaisers (zu Pferd), der aber letztlich nur der Vertreter Gottes auf Erden ist; daher ist er zur Verteidigung des Glaubens verpflichtet – hier wird also eine Mahnung ausgesprochen, wie sie für die Residenz eines geistlichen Kirchenfürsten gut passte. Solche Kaisersäle mit entsprechenden Bilderzyklen waren in Klöstern und Schlössern des Reiches sehr beliebt. Die Raumfolge im anschließenden **Kaiserappartement** (10–14) musste den zeremoniellen Anforderungen des Kaiserhofs nachkommen und besteht daher nach dem Vorbild der Wiener Hofburg aus den öffentlichen Räumen für das diplomatische Empfangszeremoniell – zwei Vorzimmer und Audienzzimmer – sowie den privaten Wohnräumen Retirade (Wohnzimmer), Schlafzimmer und Kabinett (1730 in Schlafzimmer, Kabinett und Garderobe aufgeteilt). Die Ausstattung zeichnet sich durch schwere frühbarocke Stuckdecken von Johann Jakob Vogel und darin eingelassene Ölgemälde des Bamberger Hofmalers Sebastian Reinhard aus (um 1900 für das bayerische Erbprinzenpaar erneut überarbeitet, unter Verwendung von Möbeln und Wandbespannungen der Barockzeit). Die Decke im **Kaiserzimmer** (12), als Audienzzimmer der ranghöchste Raum des Appartements, mit dem großen Mittelbild von Reinhard (1703–05), *Die Verherrlichung des zukünftigen Kaisers Joseph I.*, nimmt Bezug auf die damalige politische Situation: Während des Spanischen Erbfolgekriegs, der den Fortbestand des Reiches zeitweise bedrohte, bekannte sich Lothar Franz zwar zum österreichischen Thronfolger als zukünftigem Kaiser, machte zugleich aber deutlich, dass der Kandidat von den Reichsfürsten gewählt werden musste – das Bild veranschaulicht die Auffassung der Schönborn von der ›gemischten Regierung‹ von Kaiser und Reichsfürsten im Reich also besonders deutlich. Die **Kurfürstenzimmer** (1–8) im Westtrakt des älteren Gebsattelbaus richtete sich Lothar Franz 1696/97 für die Zeit bis zum Bezug des Neubaus als vorläufige Wohnung ein. Hier hat sich die originale wandfeste Ausstattung mit schweren barocken Türrahmungen und Stuckdecken von Johann Jakob Vogel mit eingelassenen Ölgemälden besser erhalten als in allen anderen Appartements der Residenz. Die ehemaligen Wandbespannungen mit Ledertapeten sind heute durch eine bedeutende Serie von Gobelins aus Brüssel (17. Jh.) ersetzt. Hervorzuheben ist der **Prinzessinnensaal** (3) mit dem Deckengemälde *Verherrlichung des Fürstbischofs Lothar Franz*. In der **Staatsbibliothek Bamberg**, die einen Teil des Ostflügels der Neuen Residenz einnimmt, werden die Bibliotheken der in der Säkularisation 1802/03 aufgelösten Klöster und Stifte des Fürstbistums aufbewahrt, darunter zahlreiche wertvolle Handschriften aus der Zeit der Bistumsgründung Heinrichs II. im Jahr 1007.

Durch den Haupteingang der Neuen Residenz gelangt man auch in den **Rosengarten**, den Fürstbischof Friedrich Karl von Schönborn auf der aufgeschütteten Terrasse hinter der Residenz anlegen ließ – wohl um, nicht anders als der heutige Besucher, den spektakulären Blick auf die Stadt zu genießen. Das Konzept des geometrischen Gartens mit geraden Wegeachsen und von Buchsbaumhecken eingefassten Beeten geht auf den Architekten Balthasar Neumann zurück. Im Sommerhalbjahr blühen hier etwa 4500 Rosen. Der Gartenpavillon von Johann Jakob Küchel und die Skulpturen von Ferdinand Tietz kamen erst 1757 bzw. 1760/61 hinzu.

Der **Bamberger Kreuzweg** ist die älteste erhaltene Anlage dieser Art in Deutschland. Der fränkische Adelige Heinrich Marschalk von Ebneth zu Rauheneck stiftete ihn im Jahr 1500 nach einer Reise ins Heilige Land. Sechs Stationen mit Reliefszenen zur Passion Christi (der Bildhauer der deutschen Spätgotik ist namentlich nicht bekannt) liegen an einem sehr schönen Weg, der von der Oberen Sandstraße durch die Aufsessgasse zur Heilig-Grab-Anlage von St. Getreu mit weiteren drei Stationen hinaufführt. Der Kreuzweg sollte dem Gläubigen die Möglichkeit bieten, fernab des Heiligen Landes im Gebet den Leidensweg Christi in Jerusalem nachzuvollziehen.

♦ **St. Michael:** Die Kirche mit den markanten Doppeltürmen und die monumentale Klosteranlage – einst eine der mächtigsten Benediktinerabteien Süddeutschlands – stehen weithin sichtbar und landschaftsbeherrschend auf der höchsten Bergkuppe oberhalb der Stadt. Die gewisse Konkurrenz zum Dom und der fürstbischöflichen Residenz auf dem benachbarten Hügel ist kein Zufall. Schon seit dem 12. Jh. rühmten Chronisten die Abtei als Stiftung Kaiser Heinrichs II., aber heute wissen wir, dass es sich dabei um eine gezielte Geschichtsfälschung handelte. St. Michael wurde 1015 vielmehr vom ersten Bamberger Bischof als bischöfliches Eigenkloster gegründet, aber bis ins 18. Jh. versuchten die Benediktiner immer wieder, sich aus der Bevormundung des Bischofs zu befreien und sich dem Kaiser zu unterstellen, also reichsunmittelbar zu werden. Erfolg hatten sie damit nicht. Die erste Kirche des 11. Jh.s wurde

Westfassade von St. Michael in Bamberg

nach einem Erdbeben schon 1112–21 von Bischof Otto I. erneuert, der sich auf eigenen Wunsch hier bestatten ließ (1139). Nach seiner Heiligsprechung 1189 entwickelte sich das Grab zu einem beliebten Wallfahrtsziel. Von der romanischen Kirche des 12. Jh.s hat sich neben den Grundmauern noch das Querhaus erhalten. Der Chor, deutlich auf die Stadt orientiert, wurde in nachgotischen Formen im späten 16. Jh. erneuert, das Langhaus und die Westtürme entstanden nach einem schweren Brand 1610–17 in ebenfalls noch mittelalterlichen Formen. Ende des 17. Jh.s bescherte Abt Christoph Ernst von Guttenberg der Abtei eine wirtschaftliche Blütezeit, die umfangreiche Baumaßnahmen möglich machte: Ab 1696 entstanden nach Entwürfen von Leonhard Dientzenhofer die barocke Kirchenfassade und der Neubau der Klosteranlage – offensichtlich in Konkurrenz zur barocken Neuen Residenz des Fürstbischofs und vergleichbaren Abteien in Franken wie Banz und Ebrach. Ab 1725/26 erhielt das Kircheninnere die heutige Ausstattung mit barocken Altären, Chorgestühl und Kanzel sowie die Krypta für das Grab des hl. Bischofs Otto. Bis in die 1740er Jahre wurde das Kloster noch einmal erweitert, um die Trakte um den großen Wirtschaftshof vor der Kirche (Mitwirkung am Entwurf: Balthasar Neumann). Mit der Auflösung des Klosters 1803 im Zuge der Säkularisation endete die fast 800-jährige Geschichte der traditionsreichen Benediktinerabtei. Seit 1817 beherbergt der Komplex das Bürgerspital, ein städtisches Altenheim. Von 2012 bis voraussichtlich 2029 werden die Klosteranlage und die Kirche generalsaniert.

Die der älteren Doppelturmfront vorgeblendete Westfassade der **Kirche** von Johann Dientzenhofer, vor der die Wirtschaftsgebäude des Klosters einen großen Hof ausbilden, ist ein bedeutendes Zeugnis der frühen Phase fränkischer Barockarchitektur, die noch unter dem starken Einfluss römischer Vorbilder stand: Die durch Pilaster- und Säulenordnungen in mehreren Schichten gestaffelte, zweigeschossige Fassade mit Dreiecksgiebel greift das Grundschema römischer Barockfassaden wie etwa die von Santa Susanna auf. Aber die Betonung des unteren Mittelfelds durch einen breit gedehnten Segmentgiebel auf Säulen sowie das starke Zurückspringen der Wand in der gesamten Fassadenmitte stellen eine eigenständige Weiterentwicklung des Vorbilds dar. Auf der Rückseite der Kirche bildet das Ensemble aus nachgotischem Chor mit seinen barocken Anbauten, romanischem Querhaus und barockem Kloster eine zweite Schaufront zur Stadt aus. Im Grundriss handelt es sich um eine kreuzförmige, dreischiffige Pfeilerbasilika mit Kreuzrippengewölben, ausladendem Querhaus und einschiffigem, polygonal geschlossenem Chor im Osten. Das Langhaus aus dem 17. Jh. vermittelt – wohl nicht ganz unbeabsichtigt – noch den Eindruck altehrwürdiger romanischer Architektur.

Von der bedeutenden **Innenausstattung** seien hier wegen der langen Schließung der Kirche nur erwähnt: die sehr berühmten Pflanzenmalereien des *Himmelsgartens* von etwa 1614–17 im Gewölbe, mit fast 600 verschiedenen, botanisch genau bestimmbaren Heil- und Ziergewächsen; das Grab des hl. Otto von 1435/40; der Kreuzaltar mit Reliquien des hl. Otto (Kasel, Mitra und Bischofsstab); ferner Kanzel, Chorgestühl und Hoch- und Seitenaltäre aus dem 18. Jh. (mit Gemälden von Johann Joseph Scheubel d. Ä.) und mehrere fürstbischöfliche Grabdenkmäler aus der Zeit von 1556 bis 1779 (ehemals im Dom; 1838 hierher gebracht).

Die **Klosteranlage**, ein Komplex aus Konventbau und Abteitrakt nördlich der Kirche sowie aus den Wirtschaftsflügeln vor der Kirche, beeindruckt vor allem durch ihre Weitläufigkeit. Auf den Abhängen zur Stadt liegen die im 18. Jh. angelegten barocken Terrassengärten, mit einem Panoramablick über die Stadt, und auf der Südseite der wieder kultivierte Weinberg sowie eine Orangerie.

St. Getreu gründete der hl. Bamberger Bischof Otto I. 1123/24 zunächst für ein Frauenkloster, bestimmte die Kirche jedoch schon bald zur Probstei, einer Tochtergründung der Benediktinerabtei von St. Michael. Das Patrozinium bezieht sich auf die hl. Fides (Sainte-Foy) von Conques in Frankreich, deren Kirche eine wichtige Station auf dem Pilgerweg nach Santiago di Compostela war: Nach diesem Vorbild sollte St. Getreu eine Station auf dem Weg nach St. Jakob, dem Bamberger Ersatz für das Pilgerzentrum in Nordspanien, bilden. Außerdem entwickelte sich die Kirche als Endpunkt des Bamberger Kreuzwegs zu einem wichtigen Zentrum der Verehrung des Heiligen Grabes – auch dies ein Ersatz für eine Wallfahrt nach Jerusalem. Die heutige barocke Kirche ist wegen statischer Probleme im Moment nicht zu besichtigen. Sie ersetzte 1652–60 (Langhaus) und in einer zweiten Phase unter Abt Anselm Geisendorfer 1732–39

(Chor und Sepultur) einen gotischen Neubau des 15. Jh.s. Geisendorfer veranlasste auch die barocke Ausstattung. Die Architektur der Kirche ist schlicht, doch die Ausstattung mit Deckenfresken (etwa die *Anbetung des Lammes* im Chor, Maler unbekannt), Kanzel und Altären verdient durchaus Aufmerksamkeit: Die Altäre zeichnen sich durch kunstvolle, vergoldete Schnitzereien und farbige Einlegearbeiten aus verschiedenen Holzarten, Messing, Zinn und Perlmutt aus. Der Propsteibau, eine schlichte, aber repräsentative barocke Anlage, fernwirksam auf die Stadt ausgerichtet, dient seit der Säkularisation 1802/03 als Nervenklinik; sie war eine der ersten in Bayern.

St. Jakob ist mit seinem Langhaus aus dem 11. bzw. frühen 12. Jh. in der Grundsubstanz der älteste Kirchenbau Bambergs – auch wenn das heutige ›romanische‹ Erscheinungsbild erst auf eine Restaurierung von 1866/67 zurückgeht, bei der die barocken Veränderungen im Inneren entfernt wurden. Lediglich die barocke Fassade von Johann Michael Fischer nach dem Vorbild römischer Kirchenfronten des 17. Jh.s wurde damals belassen. Obwohl also nicht original, vermittelt das Innere der dreischiffigen, flachgedeckten Basilika mit Säulenarkaden mit Würfelkapitellen und Querhaus einen Eindruck vom Aussehen schlichter romanischer Klosterkirchen im süddeutschen Raum (vgl. etwa Alpirsbach). Dass die Kirche sowohl im Osten als auch im Westen einen Chor besaß, zeigt die Vorbildhaftigkeit des ehemaligen Doms aus dem frühen 12. Jh., dem das Chorherrenstift von St. Jakob unterstellt war. Der heutige polygonale Westchor mit gotischem Kreuzrippengewölbe und schmalen, spitzbogigen Maßwerkfenstern stammt aus der Zeit um 1400. Der Turm geht auf das 13. Jh. zurück. Im neugotischen Hochaltar von 1867 befindet sich eine gotische Madonna von etwa 1480.

Die **Karmelitenkirche St. Theodor** erscheint heute als Barockbau, errichtet 1692–1716 von Leonhard Dientzenhofer, ist im Kern aber romanisch. Diese Kirche des späten 12. Jh.s gehörte zu einem Frauenkloster, das 1554 aufgelöst und 1589 dem Karmelitenorden zugesprochen wurde; seit dem 13. Jh. hatte dieser Orden an anderer Stelle in Bamberg eine seiner ältesten Niederlassungen in Deutschland. Bei der Barockisierung drehte Dientzenhofer die Orientierung der Kirche, um die Fassade (sie zeigt Anregungen von römischen Vorbildern) auf die Stadt im Osten auszurichten. Dadurch kam der neue Chor auf die Westseite, wo er von der teilweise erhaltenen romanischen Fassade mit dem vermauerten Löwenportal von etwa 1200 verdeckt wird. Die gotischen Obergeschosse von Fassade und Turm stammen aus dem mittleren 14. Jh. Das Innere gestaltete Dientzenhofer als Saalkirche mit Seitenkapellen. Nach der Aufhebung des Klosters 1803 ging die barocke Innenausstattung zum großen Teil verloren und wurde nach der Rückkehr der Karmeliten Anfang des 20. Jh.s durch Nachbildungen, vor allem der Altäre, ergänzt. Ein wichtiges Baudenkmal ist der **Kreuzgang** innerhalb der barocken Klosteranlage: Das Erdgeschoss mit den kleinen Rundbogenarkaden auf Doppel- oder Einzelsäulchen besitzt eine für romanische Kreuzgänge charakteristische Bauform, wurde aber erst in der zweiten Hälfte des 14. Jh.s erbaut, erkennbar am spätgotischen Stil der figürlichen Kapitellplastik. Ihre zum Teil grotesk dargestellten Menschen, Tiere, Pflanzen und Mischwesen entstammen sowohl der christlichen als auch der profanen Welt und sind wohl im moralisierenden Sinn zu deuten (die Pfeiler zwischen den Arkaden wurden im Zusammenhang mit der Einwölbung im 15. und 17. Jh. eingefügt; die Aufstockung datiert ebenfalls aus dem 17. Jh.).

Altenburg (Altenburg 1): Die bereits im 11. Jh. auf dem Hügel südwestlich der Bamberger Altstadt bezeugte Burg bauten die Fürstbischöfe im 14. und 15. Jh. zur zweiten Residenz nach dem Vorbild der Burg Karlstein bei Prag aus – als Zeichen ihrer

Macht über das Domkapitel und die Bürgerschaft, wenn auch von geringem militärischen Nutzen. Seit der Zerstörung durch den Markgrafen von Kulmbach 1553 stehen von den ursprünglichen Gebäuden nur noch die Ummauerung mit Türmen und der runde Bergfried. Das heutige Erscheinungsbild wird im Wesentlichen von den Ausbauten im Geist der Burgenromantik des 19. Jh.s bestimmt, darunter der Palas mit Rittersaal von 1901/02, heute Teil des historischen Restaurants Altenburg, und die neogotische Kapelle von 1834, mit einigen kunsthistorisch interessanten Grabmälern des 16. Jh.s aus aufgelassenen Bamberger Kirchen. In der Burg wohnte 1808–13 der Schriftsteller E. T. A. Hoffmann.

Kirche zu Unserer Lieben Frau: Die Maria geweihte Pfarrkirche der Bergstadt wurde zur Unterscheidung von der Unteren Pfarre St. Martin in der Inselstadt (zerstört) auch **Obere Pfarre** genannt. Obwohl eine Pfarrkirche, unterstand sie dem Domkapitel. Am heutigen Außenbau lassen sich deutlich drei Phasen unterscheiden: der mächtige, zwischen dem späten 13. und 14. Jh. erbaute Glockenturm mit reichen Maßwerkverzierungen (1535 Aufbau mit Dienstwohnung des über die Stadt wachenden Türmers); das 1338–87 erbaute schlichte Langhaus und der davon bewusst abgesetzte, steil aufragende Chor von 1392 bis etwa 1430 – ein kunsthistorisches Hauptwerk der Gotik im fränkischen Raum, das vielleicht in Konkurrenz zum Chor der Nürnberger Pfarrkirche St. Sebaldus entstanden ist. In Bamberg hat man allerdings den bei gotischen Pfarrkirchen beliebten Hallenchor aufgegeben zugunsten einer dreischiffigen, basilikalen Choranlage mit niedrigerem Umgang und Kapellenkranz sowie einem polygonalen Abschluss – eine in der Architektur Mitteleuropas um 1400 häufiger anzutreffende Rückbesinnung auf die ältere französische Kathedralgotik, hier vielleicht unter dem Einfluss der Baumeisterfamilie Parler. Da die Strebepfeiler zwischen den Kapellen nach innen versetzt

Blick auf den Chor der Oberen Pfarre in Bamberg

sind, bildet der **Außenbau des Chors** eine weithin sichtbare, nur dekorativ gegliederte Schauseite zur Stadt: Über hohen Substruktionen, die die Hanglage ausgleichen, erhebt sich der Kapellenkranz mit prachtvoll gerahmten, großen Maßwerkfenstern – auch diese Art ›Chorfassade‹ und das Motiv der spitz auf einen gemeinsamen Punkt am Obergaden zusammenlaufenden Strebebögen gehen auf Kirchen der Parler zurück. Da die Strebebögen an einem sehr tiefen Punkt des Obergadens ansetzen, ist diese Zone mit weiteren Maßwerkfenstern zur Gänze sichtbar. Unter dem **Brautportal** (1350–90) auf der Nordseite, dem Hauptportal, fanden die Trauungen statt, ein Rechtsakt, der öffentlich im Freien vollzogen werden musste. Die kreuzgewölbte Vorhalle besitzt ein tiefes, vielfach abgestuftes Gewände mit den Skulpturen der *Klugen und Törichten Jungfrauen* – ein Gleichnis für tugendhafte Lebensführung – und einer *Marienkrönung* im Giebelfeld. Auf der westlichen Eingangsseite ist in einem kleinen spätgotischen Anbau die monumentale Skulpturengruppe *Christus am Ölberg* vom Ende des 15. Jh.s zu finden.

Das **Innere** des Langhauses wurde 1711 zu einer barocken Pfeilerbasilika umgestaltet, mit Pilasterordnung und Stuckaturen an Wänden und Gewölben von Johann Jakob Vogel, der hier das Ornament des französischen Bandelwerks in Franken einführte. Die steilen gotischen Raumproportionen sind bei der Barockisierung allerdings erhalten geblieben. Der mächtige barocke **Hochaltar**, wohl eine Stiftung des Fürstbischofs Lothar Franz von Schönborn, zwängt sich in den schmalen Hochchor hinein: Seine überbordende Pracht dient der Inszenierung des kleinen verehrten Gnadenbildes *Mutter mit Kind* vom Anfang des 14. Jh.s aus Köln. Vom Altarraum bieten sich reizvolle Durchblicke in den gotischen Chorumgang, der von der barocken Umgestaltung verschont blieb – ein frühes Beispiel respektvoller ›Denkmalpflege‹ älterer Bausubstanz. Der Chorumgang, wie in St. Sebald in Nürnberg mit abwechselnd quadratischen und dreieckigen Jochen, taucht auch bei anderen Pfarrkirchen des 14. Jh.s auf, war aber vielleicht auch durch die liturgischen Prozessionen um das Gnadenbild des Hochaltars begründet. Typisch für die spätgotische Architektur des 15. Jh.s sind die scharfkantigen Dienste an den Pfeilern, die ohne Kapitelle direkt in die Gewölberippen übergehen. Wichtige **Ausstattungsstücke** sind: das große spätgotische Sakramentshaus (um 1430) zur Aufbewahrung der geweihten Hostien (hinter dem Gitter), mit einer vollplastischen *Grablegung Christi*, den Aposteln in den Figurennischen und dem *Jüngsten Gericht* als Abschluss; die 1481 in der Werkstatt von Ulrich Widmann geschnitzten Holzfiguren des hl. Christophorus (erster Pfeiler des linken Chorumgangs) sowie der Apostel und von Christus (Langhauspfeiler), die wichtig für die nachfolgende Bildhauerkunst in Bamberg sind; die Reliefs *Marienkrönung* und *Himmelfahrt Mariens* von etwa 1500 (rechtes Seitenschiff), die vom alten Hochaltar der Kirche stammen und von den Skulpturen des berühmten Veit Stoß beeinflusst sind; ein achteckiger Taufstein mit Holztafeln von 1515–20 mit der *Taufe Jesu* und den *Sieben Sakramenten* (im Chor); und vor allem die berühmte *Himmelfahrt Mariens* (an der Innenwand der Fassade links) des prominenten venezianischen Malers Jacopo Tintoretto (um 1555) – ein Bamberger Domprobst kaufte das Gemälde in Venedig und stiftete es dem Dom, wo es 1651–1837 als Altarbild hing, bis es 1837 im Tausch gegen den Veit-Stoß-Altar, der heute im Dom steht, in die Obere Pfarre kam: eine ungewöhnliche Komposition mit dramatisch bewegten Figuren, ein nach Bamberg ›importiertes‹, einzigartiges Kunstwerk, das großen Einfluss auf die spätere Barockmalerei in Franken ausübte.

Neuer Ebracher Hof: Da der Alte Ebracher Hof, die städtische Niederlassung des Klosters Ebrach, den Ansprüchen des

Zisterzienserordens nicht mehr genügte, errichtete der Bamberger Stadtmaurermeister Martin Mayer 1764/65 den neuen Sitz an der soeben verbreiterten Straße in Form eines prachtvollen Barockpalais. Die Fassade war damals stilistisch eigentlich schon überholt: Über einem hohen Sockel erheben sich die Obergeschosse, die durch kolossale Pilaster, den geschwungenen Mittelgiebel und üppig dekorierte Fensterrahmungen ausgezeichnet sind.

Alter Ebracher Hof: Der erste Stadtsitz des Zisterzienserklosters Ebrach wurde 1679–82 vom Baumeister Andreas Kestler nach dem Vorbild der hundert Jahre zuvor errichteten Neuen Ratsstube der Alten Hofhaltung erbaut – das Renaissancemotiv der Giebelfront ist aber in barocke Formen übersetzt. An der Nordostecke befindet sich die Figurengruppe *Christus am Kreuz neigt sich dem hl. Bernhard von Clairvaux entgegen* von 1738.

Pfahlplätzchen: Der ehemalige Judenplatz war im Mittelalter das Zentrum des Ghettos – bis die Juden im 14. Jh. vertrieben wurden. Im 15. Jh. wurde an der Stelle der Synagoge die heutige spätgotische Marienkirche erbaut. Aus den historischen Wohnbauten sticht das **Haus zum Krebs** (Nr. 1; um 1710) hervor, in dem 1807/08 der Philosoph Friedrich Hegel wohnte. Davor steht die *Große Figur* von Joannes Avramidis von 1982: Die vom menschlichen Körper abstrahierten Formen sind für den Künstler typisch. Das Ensemble des Platzes wird seit 1968 durch einen Neubau empfindlich gestört – eine der wenigen ›Bausünden‹ in Bamberg.

Judenstraße: In der engen Gasse, die bis zum Spätmittelalter zum jüdischen Ghetto gehörte, hat sich eine geschlossene historische Bebauung aus meist schmalen Bürgerhäusern mit Fassaden des 18. Jh.s und zahlreichen Gaststätten erhalten, die aus Brauereien hervorgegangen sind. Von dieser Bebauung ◆ setzt sich das **Böttingerhaus** (Nr. 14) von 1707–13 ab, eines der bedeutendsten barocken Palais in Süddeutschland, das mit seiner überreich dekorierten Fassade unverhohlen den sozialen Aufstieg und den Reichtum seines Auftraggebers demonstriert. Johann Ignaz Tobias Böttinger stammte aus bürgerlichen Verhältnissen, trat 1699 in bischöfliche Dienste ein und stieg als Inhaber zahlreicher hoher Ämter zum wichtigsten Hofbeamten des Fürstbischofs Lothar Franz von Schönborn auf – ein typisches Beispiel für die aufstrebende Beamtenaristokratie des 18. Jh.s. Daher sollte das vermutlich von Stadtmaurermeister Andreas Ammon entworfene palastartige Wohnhaus alle anderen Palais in Bamberg an Prunk übertreffen, sogar die fürstbischöfliche Residenz. Die Fassadengestaltung mit architektonisch hervorgehobenen Obergeschossen ist von Palästen in Italien und Wien inspiriert, die Böttinger auf seinen Reisen kennengelernt hatte. Kolossale Pilaster an den Außenkanten und in der Mitte strukturieren die Fassade, aber das überreich verzierte Hauptportal im Zentrum und die prunkvollen Fensterrahmungen dominieren den Gesamteindruck – der Aufwand der Verzierungen nimmt von unten nach oben zu und kulminiert in den Zwerchhäusern. Insgesamt wirkt die Fassade selbst für die Maßstäbe der Barockzeit überladen. Gerade fertig geworden, befand Böttinger, das Palais genüge nicht seinen Ansprüchen, es entspreche in Sachen Bequemlichkeit nicht den Vorstellungen der Zeit – und baute sich kurzerhand einen neuen Wohnsitz, die Villa Concordia. Das Innere des Böttingerhauses ist nicht zu besichtigen.

St. Stephan war einer der ersten barocken Bauten in Bamberg. Allerdings geht der Grundriss in Form eines griechischen Kreuzes auf den mittelalterlichen, vom Bamberger Bischof auf Anregung von Kaiserin Kunigunde gestifteten Vorgängerbau des frühen 11. Jh.s für ein Chorherrenstift und den um 1300 erneuerten Chor zurück. Der heutige Chor wurde 1626 nach einem Entwurf von Valentin Juncker und Giovanni Bonalino –

beide damals in Franken anerkannte Künstler – erbaut. Der Rest der Kirche entstand, bedingt durch den Dreißigjährigen Krieg (1618–48), erst nach einer Pause in einer zweiten Bauphase 1677–81 unter Antonio Petrini aus Würzburg, dem ersten großen Barockbaumeister Frankens. Die zweigeschossige **Fassade** mit flacher Pilastergliederung legte Petrini wegen der Geländeverhältnisse auf Fernwirkung hin an: Als von der Stadt abgewendete Schaufront ohne Eingang. Der hohe Glockenturm stammt noch aus dem 13. Jh. Im weiß getünchten **Inneren** erinnert der Chor wegen des Kreuzrippengewölbes noch an die Gotik, während Petrinis Querhaus und Langhaus dank der markanten, mehrfach verkröpften Pilasterordnung und den Stuckaturen eindeutig dem Barockstil verpflichtet sind. Von der barocken Ausstattung haben sich mehrere Gemälde erhalten, u. a. von Melchior Steidl und Joseph Scheubel d. Ä.

♦ **Villa Concordia:** Demonstrierte Johann Ignaz Tobias Böttinger schon mit seinem ersten Wohnsitz in der Judenstraße seine bedeutende gesellschaftliche Stellung, so kam dieses Ansinnen im neuen Bauvorhaben, der 1715/16–22 wahrscheinlich vom damals prominenten Architekten Johann Dientzenhofer erbauten Villa Concordia, nochmals deutlicher zum Ausdruck. Vor allem die Lage des L-förmigen, schlossartigen Palais ist spektakulär: Es ist nicht wie üblich in eine enge Altstadtgasse eingefügt, sondern steht von allen Seiten frei und steigt wie ein venezianischer Palast direkt aus dem Fluss auf; die Schauseite mit dem vorgelagerten Terrassengarten ist dem Wasser statt der Straße zugewandt. So konnten die Bewohner ihr Anwesen mit dem Boot erreichen und von innen den ungestörten Ausblick auf den Fluss genießen. In Anlehnung an Schloss Pommersfelden und barocke Wiener Stadtpalais sind die ganz mit teurem Sandstein verkleideten Wasserfronten über einer Sockelzone durch kolossale Pilaster- und Halbsäulen gegliedert. Das Bauwerk wirkt allein dank dieser aufwendigen Archi-

Die Villa Concordia in Bamberg; Ansicht vom rechten Regnitzufer aus

tektur äußerst prachtvoll. Der Zugang erfolgt heute durch den Landeingang am Ende der Concordiastraße. Das repräsentative Treppenhaus im Inneren, mit einem mittleren Lauf, der sich nach einem Umkehrpodest in zwei Läufe teilt, war eines der frühesten dieses Typs, der seinen Höhepunkt in Balthasar Neumanns Treppenhaus der Würzburger Residenz erlebte. Das Gewölbe ist wie in anderen Innenräumen reich mit Stuckaturen im damals modernsten französischen Ornamentstil, dem Bandelwerk, ausgestattet, das sich dank Stichpublikationen in Europa verbreitet hatte. Die Villa Concordia, heute so genannt nach einem im 19. Jh. hier residierenden Verein, beherbergt seit 1998 das **Internationale Künstlerhaus Villa Concordia** des Freistaats Bayern, das deutsche und internationale Künstler aus den Bereichen Bildende Kunst, Literatur und Musik mit Stipendien fördert (Besichtigung im Rahmen von

Ausstellungen möglich). Der Architekt Christoph Gatz errichtete für die neue Nutzung auf der Rückseite und im Garten gläserne Erweiterungsbauten.

Das **Mühlenviertel** ist eine Sehenswürdigkeit von besonderem Charme. Am Ufer und mitten im Fluss des linken Regnitzarms stehen Mühlen, die durch Stege verbunden waren – man kann heute wieder, auf modernen Stegen, gewissermaßen ›auf dem Wasser‹ wandeln. Seit dem Mittelalter waren Mühlen in Städten unentbehrlich, denn sie erzeugten mit Wasserkraft Energie – nicht nur zum Mahlen von Getreide, sondern auch zum Pressen von Öl, zum Schleifen, Hämmern usw. In Bamberg sind die Mühlen schon seit dem 10. Jh. bezeugt. Durch Hochwasser und Feuersbrünste wurden sie immer wieder beschädigt oder gar zerstört, so dass sie im Laufe der Jahrhunderte mehrfach erneuert werden mussten. Von den ehemals drei Mühlenvierteln standen im 20. Jh. nur noch die Unteren Mühlen bei Schloss Geyerswörth und die Oberen Mühlen bei der gleichnamigen Brücke, die sogar bis in die 1970er Jahre in Betrieb blieben, aber nach der Schließung zusehends vom Verfall bedroht waren. Während der aufwendigen Sanierungen der beiden Mühlenviertel seit den 1980er Jahren ist leider viel historische Bausubstanz zerstört und durch neue Architektur ersetzt worden, die sich gleichwohl stilistisch der Umgebung anpasst (Studentenwohnheime, Hotels und Restaurants). Die nicht sichtbaren Räder der noch vorhandenen Mühlen erzeugen über ein Wasserkraftwerk Strom.

Schloss Geyerswörth: Nahe dem alten Rathaus liegt malerisch auf der Insel (»Wörth«) in der Regnitz die ehemalige Stadtresidenz der Bamberger Fürstbischöfe, die aus der mittelalterlichen Adelsburg der Familie Geyer aus Nürnberg hervorging. 1585–87 ließ Fürstbischof Ernst von Mengersdorf durch den Baumeister Erasmus Braun die heutige unregelmäßige Vierflügelanlage mit Arkaden und Turm errichten. Ursprünglich wirkte der Außenbau dank mehrerer Treppengiebel prächtiger. Über dem Portal zum Innenhof prangt das Wappen des Bauherrn. Vom einst berühmten Garten mit Wasserspielen und exotischen Pflanzen hat sich nichts erhalten (heute erstreckt sich hier ein Rosengarten). Auch die ehemals prunkvolle Innenausstattung ist verloren, lediglich Teile des Renaissancesaals von 1605 hat man wiederhergestellt (nicht zu besichtigen). Mit dem Bau der Neuen Residenz auf dem Domberg gaben die Fürstbischöfe Anfang des 18. Jh.s Geyerswörth als Wohnsitz auf und ließen den Komplex zum Verwaltungsbau umfunktionieren. Seit 1904 sind hier städtische Ämter untergebracht.

Die **Karolinenstraße**, die alte Hauptverkehrsader von der Inselstadt über die Obere Brücke zum Domberg hinauf, zählt zu den schönsten Straßen Bambergs, mit einer teilweise bis ins Mittelalter zurückreichenden Bebauung mit adligen und bürgerlichen Wohnhäusern (wie etwa Nr. 1 an der Brückenrampe, Nr. 8 und Nr. 18). Aber die meisten Häuser erhielten im 18. Jh. ein neues Erscheinungsbild, gefördert durch das urbanistische Ausbauprogramm des Fürstbischofs Lothar Franz von Schönborn, der Bamberg in eine barocke Residenzstadt umwandeln wollte – jetzt waren anstelle niedriger Fachwerkhäuser prachtvolle Steinhäuser erwünscht. Besonders sehenswert sind die Häuser Nr. 6 (um 1700, vielleicht von Leonhard Dientzenhofer) und vor allem das **Bibra-Palais** (Nr. 11; 1716, vielleicht von Johann Dientzenhofer); ferner die Hofapotheke (Nr. 20; 16. Jh., im 18. ausgebaut) und Nr. 25 (1732).

Die **Dominikanerstraße** bildet die Verbindung zwischen Unterer Brücke und dem »Sand«-Gebiet zwischen dem Ufer der Regnitz und dem Domberg und ist heute eine der touristischen Hauptadern. Die historische Häuserbebauung ist sehenswert, darunter Fachwerkhäuser des 17. und 18. Jh.s wie Nr. 6 (heute das berühmte Gasthaus »Zum Schlenkerla«) sowie

Nr. 9 und 11. Die ehemalige **Dominikanerkirche St. Christoph**, die entgegen der Gewohnheiten der Bettelorden mit dem angrenzenden Kloster nicht am Rand der Altstadt, sondern ganz zentral am Fuß des Dombergs steht, entstand ab etwa 1400 als dreischiffige gotische Hallenkirche (Gewölbe barock) mit kreuzgratgewölbtem Chor mit schmalen Lanzettfenstern. Die angrenzenden barocken Klosterbauten wurden 1730–43 um den in der zweiten Hälfte des 15. Jh.s erbauten, spätgotischen Kreuzgang und die Kirche errichtet. Ab 1947 diente die Kirche als Spielstätte der neu gegründeten, alsbald weltbekannten Bamberger Symphoniker; heute ist sie die Aula der Universität.

In der **Oberen Sandstraße** setzt sich die historische Häuserbebauung der Dominikanerstraße fort. Aus den durchweg mittelständischen Wohnhäusern sticht das Palais Schrottenberg von etwa 1720 wegen seiner architektonisch anspruchsvollen Fassade hervor (Nr. 6). Die Straße mündet in einen kleinen Platz mit der ehemaligen **Spitalkirche St. Elisabeth** – eine bescheidene, im 14. Jh. erbaute Saalkirche mit kreuzgratgewölbtem gotischem Chor, die ursprünglich zum angrenzenden Bürgerspital gehörte. 2019 wurden hier die beiden ersten von acht geplanten farbigen Glasfenstern nach Entwürfen von Markus Lüpertz, einer der bekanntesten zeitgenössischen Künstler Deutschlands, enthüllt: Werke in der Tradition der mittelalterlichen Glasmalerei, aber in moderner Formensprache. Auf dem Platz vor dem Chor steht seit 2009 die Statue *Apoll* desselben Künstlers; sie ist Teil des »Bamberger Wegs moderner Skulpturen«.

Bamberg: Die bürgerliche Inselstadt und die Gärtnerstadt

Das berühmte **Alte Rathaus** bildet zusammen mit einem kleinen Fachwerkhaus und der Oberen und der Unteren Brücke, der Verbindung zwischen Inselstadt und Bergstadt, ein pittoreskes Ensemble. Es beeindruckt durch seine einmalige Lage auf einer eigens auf Pfählen angelegten Insel in der Regnitz. Mitten im Wasser zu bauen, war immer schon technisch aufwendig und daher teuer. Als das handeltreibende Bürgertum im 14. Jh. eine eigene Stadtvertretung forderte, nahm es diese Mühen auf sich. Ziel war, die Machtkämpfe mit dem Bischof zu beenden – da die Bürger den Sitz ihrer politischen Vertretung nicht in der bischöflich bestimmten Bergstadt errichten woll-

Das Bamberger Alte Rathaus mit der Oberen Brücke und dem Rottmeisterhaus

ten, der Bischof als eigentlicher Stadtherr andererseits die bürgerliche Inselstadt nicht durch ein Rathaus stärken wollte, einigte man sich auf einen Kompromiss: den Bau des Rathauses auf ›neutralem‹ Boden im Fluss, gleichsam an der Grenze zwischen beiden Stadtbereichen. Den Kern der Anlage bildet der mittelalterliche Brückenturm (mit dem gotischen Kreuzgewölbe in der Durchfahrt), dem im 14. Jh. flussabwärts der langgestreckte Anbau, das eigentliche Rathaus, angefügt wurde. Beides hat man 1452–67 größtenteils in Fachwerk zusammen mit der Oberen Brücke erneuert. Das heutige Erscheinungsbild bestimmen die barocken Veränderungen des 18. Jh.s, die erfolgten, als die Fürstbischöfe in der Altstadt die neue Straßenachse anlegten: 1749–51 verlieh Stadtbaumeister Martin Mayer dem Rathausturm eine barocke **Fassade** und ein dynamisch bewegtes Dach mit Aufsatz. Die ›schwelgenden‹ Rokokobalkone und die Wappen des Bischofs bzw. der Stadt (Kopie; Original im Hof von Schloss Geyerswörth) wurden 1755/56 hinzugefügt. Die Fassaden des Rathauses schmückte Johann Anwander 1755 mit einer perspektivisch gemalten Scheinarchitektur und einem allegorischen Figurenprogramm: Auf der Seite des Dombergs stellt die mittlere Figurengruppe die *Trauer um den 1753 verstorbenen Fürstbischof* dar, die Seite zur Inselstadt zeigt die *Begrüßung des neuen Bischofs*; beide Szenen werden begleitet von Tugenden sowie – als fingierte Statuen gleichsam in einer anderen Realitätsebene – von Figuren antiker Kaiser.

Im **Inneren** ist außer der Treppe der Ratssaal beachtenswert, mit Deckenstuck im Rokokostil von Franz Jakob Vogel (1745) und mit Gemälden von Johann Anwander mit Tugenddarstellungen als Mahnung an die Ratsherren. Seit 1995 befindet sich hier die **Sammlung Ludwig Bamberg** »Glanz des Barock«, eine der größten und wichtigsten Fayence- und Porzellansammlungen in Europa, mit Schwerpunkt auf Straßburger Fayencen und Meißner Porzellan des 18. Jh.s. In der Weihnachtszeit ist hier auch die barocke Großkrippe der Sammlung mit 450 Figuren ausgestellt.

Stromaufwärts ist an den Rathausturm das **Rottmeisterhaus** angefügt, ein auf dem steinernen Eis- und Wellenbrecher errichteter Fachwerkbau des 17. Jh.s für die Unterkunft der Anführer der Wachmannschaften.

Auf der **Oberen Brücke** von 1453–56 (erneuert), die durch den Rathausturm führt, stehen die Skulpturen einer barocken *Kreuzigungsgruppe* von Leonhard Gollwitzer von 1715 und der *Hl. Nepomuk*, ein typischer ›Brückenheiliger‹, der vor den Gefahren des Wassers schützen soll.

Die **Untere Brücke**, 1739/40 von Balthasar Neumann angelegt und mit einem reichen Figurenprogramm von Johann Peter Benkert geschmückt, wurde schon Ende des 18. Jh.s durch Hochwasser beschädigt und 1945 endgültig zerstört. Auf der heutigen Brücke, ein unbedeutender Neubau, steht nur noch die Figur der hl. Kunigunde von 1744/45 (Kopie; Original in St. Jakob).

Die **Lange Straße** war neben dem Grünen Markt die wichtigste Verkehrsader der bürgerlichen Inselstadt. Historische Häuser mit interessanten Barockfassaden des 18. Jh.s sind Nr. 3, 8, 11, 31 und 32 sowie das Wohnhaus des Architekten Johann Jakob Vogel von 1739 (Nr. 13), das zwar einem Adelspalais nachempfunden ist, aber im Erdgeschoss große Öffnungen für Ladenlokale aufweist.

Grüner Markt: Die bogenförmige Erweiterung der wichtigsten Straßenachse zwischen den beiden alten Flussübergängen bildet seit dem Mittelalter als Marktplatz das Zentrum der bürgerlichen Inselstadt. Die Bedeutung des Platzes unterstreicht neben der beherrschenden Kirche St. Martin die geschlossene Hausbebauung, die teilweise auf das Mittelalter zurückgeht, sich aber heute im Erscheinungsbild des Barock und des 19. Jh.s präsentiert. Beachtenswerte Häuser sind: Nr. 7 vom Anfang des 18. Jh.s, vielleicht von Leonhard Dientzenhofer; Nr. 14 von 1709/11, vielleicht von Johann Dientzenhofer; sowie Nr. 20 und 22 (18. Jh., im 19. Jh. verändert). Mit dem ehemaligen Kaufhaus Tietz (Nr. 23–27) ist 1925–30 der Versuch geglückt, den damals neuen Bautyp des Warenhauses der historischen Umgebung anzupassen. An der Einmündung der Keßlerstraße ließ Fürstbischof Lothar Franz von Schönborn 1697/98 anstelle eines älteren Brunnens den **Neptunbrunnen**, im Volksmund »Gablemoo«, mit der Figur des antiken Meergottes von Johann Kaspar Metzner errichten.

◆ **St. Martin:** Die ursprünglich dem Allerheiligsten Namen Jesu geweihte Jesuiten- und Universitätskirche wurde 1686–96 nach Entwürfen von Georg Dientzenhofer errichtet, dem ersten Architekten einer in Franken und Böhmen tätigen, großen Baumeisterfamilie. Dieser bedeutendste barocke Kirchenbau Bambergs ist zugleich ein charakteristisches Beispiel für die Baupolitik des Jesuitenordens, der Kunst und Architektur gezielt zur Propaganda des katholischen Glaubens einsetzte und daher ordenstypische, wiedererkennbare Bauformen ausprägte. Diese Art der ›corporate identity‹ wurde durch die zentralistische Organisation des Ordens begünstigt: Jedes Kloster war verpflichtet, Bauprojekte im Hauptsitz in Rom zur Genehmigung vorzulegen – eine Regelung, die den Austausch künstlerischer Ideen und die Verbreitung der Barockkunst in Gegenden förderte, wo dieser Stil noch nicht heimisch war.

Kunsthistorisch bedeutsam für die Geschichte der Bamberger Architektur ist vor allem die **Fassade**, die von römischen Barockkirchen, unter anderem der Jesuiten, inspiriert ist und sich, ganz im Sinn des Ordens, öffentlichkeitswirksam auf den Marktplatz der Bürgerstadt ausrichtet: eine monumentale Sandsteinfront ohne Turm, aber mit einem dominanten, erhöhten Mittelrisalit, den zweigeschossige Pilasterordnungen

Fassade von St. Martin in Bamberg

nach Art von übereinander getürmten Triumphbogenmotiven mit abschließendem Dreiecksgiebel betonen. Anders als bei den römischen Barockfassaden springt die Front in der Mitte zurück und wird im Erdgeschoss von einem mächtigen flachen Rundbogengiebel überspannt – ein Motiv, das bei vielen Bauten der Familie Dientzenhofer wiederkehrt.

Das Innere vertritt den vom Jesuitenorden geschätzten Typ der Saalkirche mit Seitenkapellen mit eingefügten Emporen, großer korinthischer Pilasterordnung und Tonnengewölbe sowie einem kurzen Querhaus und langem Chor. Vorbild war die Jesuitenkirche St. Michael in München, eine der Hauptniederlassungen des Ordens nördlich der Alpen und ein Schlüsselbau der neuzeitlichen Architektur in Süddeutschland. Von der heute durchgehend weiß getünchten Architektur setzen sich die üppigen barocken Altäre aus farbigem Stuckmarmor des frühen 18. Jh.s stark ab: In Jesuitenkirchen sollte die Ausstattung mit Gemälden und figürlichen Plastiken auf die Gläubigen wirken und sie von der ›richtigen‹ katholischen Glaubenslehre überzeugen. Die Gemälde der Seitenaltäre im Langhaus aus dem frühen 18. Jh. stammen von Melchior Steidl (linke Seite) und Sebastian Reinhardt (rechte Seite). Von den beiden schräg vor die Pfeiler gestellten Altären in der Vierung sollte man vor allem den Marienaltar rechts mit den zwei Gnadenbildern beachten: unten die Skulptur *Maria Trost* (Mitte des 15. Jh.s), darüber das berühmte Vesperbild aus dem 14. Jh. mit Maria als Schmerzensmutter, die den vom Kreuz abgenommenen Leichnam Christi auf ihrem Schoß hält. Das heutige Hochaltarbild vom Bamberger Barockmaler Sebastian Reinhardt, *Hl. Martin* (1708), stammt aus der abgetragenen Pfarrkirche St. Martin und ersetzte das ursprüngliche Gemälde *Verehrung des Namens Jesu durch die Weltteile* von Andrea Pozzo (1708; heute unter der Orgelempore): ein Beispiel für den Kunstimport von Ordensgemeinschaften. Von diesem für die Jesuiten tätigen Maler und Theoretiker der illusionistischen Malerei ist die perspektivisch gemalte Scheinkuppel über der Vierung von Giovanni Francesco Marchini von 1716 beeinflusst.

Das **Jesuiten-Kolleg** wurde ab 1702/03 hinter dem Chor der Kirche um zwei Höfe errichtet, ein strenger, schlichter Bau, der heute von der Universität genutzt wird. 1791–93 ließ Fürstbischof Franz Ludwig von Erthal im Mittelsaal für naturgeschichtlichen Unterricht das Naturalienkabinett einrichten, das heutige **Naturkunde-Museum**. Im berühmten klassizistischen **Vogelsaal**, einem der ältesten seiner Art weltweit, werden in historischen Vitrinenschränken über 800 Vogelarten und andere zoologische und geologische Exponate ausgestellt – ein eindrucksvolles Zeugnis früher Museumskonzeption.

Maximiliansplatz: Der freie Platz entstand in seiner heutigen Form erst durch den Abbruch der mittig stehenden Pfarrkirche St. Martin 1804. Daher richten die beiden flankierenden Großbauten, das ehemalige **Klerikalseminar**, heute **Neues Rathaus**, und das ehemalige **Katharinenspital**, ihre Hauptfassaden mit kolossaler Pilastergliederung nicht auf den Platz aus, sondern auf den Straßenzug Hauptwachstraße / Grüner Markt. Beide Gebäudekomplexe entstanden in den 1730er Jahren im Auftrag des Fürstbischofs Friedrich Karl von Schönborn im Rahmen seines ›Stadtverschönerungsprogramms‹ nach Entwürfen von Balthasar Neumann. Im Priesterseminar residierte auch der Bamberger Weihbischof, zugleich Pfarrer von St. Martin. Das Spital wurde im 13. Jh. in der Absicht erbaut, hier die verschiedenen Krankenhäuser der Stadt zu vereinigen. Das barocke **Wohnhaus des Architekten Johann Dientzenhofer** (Nr. 8; um 1725, im Kern älter), mit geschwungener Portalrahmung, ›gewellten‹ Fensterverdachungen und seitlichen Kolossalpilastern, ist ein eindrucksvolles Beispiel für das Wohnhaus eines Künstlers, der damit seinen sozialen Status und seine künstlerischen Überzeugungen demonstrieren wollte.

Weitere barocke Häuser sind Hauptwachstraße Nr. 3 und 7 sowie die ehemalige **Hauptwache** (Nr. 16), die Fürstbischof Adam Friedrich von Seinsheim 1772–74 für die Infanterie errichten ließ.

Universitätsmuseum für Islamische Kunst: In einem historischen Haus aus dem 16. Jh., das im 18. Jh. eine neue Innenausstattung, unter anderem mit Stuckdecken vom Hofstuckateur Johann Jakob Vogel, und im 19. Jh. eine neue Fassade erhielt, ist die von Manfred Bumiller gegründete Sammlung islamischer Bronzen vom 6. bis 13. Jh. untergebracht.

Auf dem **Heumarkt** wurde 1998 das erste Werk des **»Bamberger Wegs moderner Skulpturen«** aufgestellt: Fernando Boteros *Liegende Frau mit Frucht* in für den Künstler typischen, üppigen weiblichen Formen. Den Anstoß für die Initiative gab eine Ausstellung des Künstlerhauses der Villa Concordia zur zeitgenössischen Großskulptur. Seitdem kauft die Stadt Bamberg immer wieder moderne Skulpturen prominenter internationaler Künstler an und stellt sie an wichtigen Plätzen der Altstadt auf, darunter: ein Werk von Igor Mitoraj auf der Unteren Brücke, eines von Joannes Avramides am Pfahlplätzchen, eines von Jaume Plensa an der Oberen Mühlbrücke und eines von Markus Lüpertz bei St. Elisabeth, sowie neuerdings eines von Rui Chafes vor dem Turm des Brückenrathauses. Nach anfänglichen Protesten wird der Kontrast zwischen dem historischen Stadtbild und den zeitgenössischen Kunstwerken inzwischen von vielen geschätzt.

Am Kranen: Mitten in der Stadt befand sich vom Mittelalter bis 1912 auf der einst von zwei Regnitzarmen umflossenen Insel Abtswörth (heute verschwunden) der Bamberger Hafen, wo die Lastkähne der Regnitzschiffer be- und entladen wurden. Zu den historischen Gebäuden gehören hier das **Schlachthaus** von 1740, dessen Arkaden direkt im Wasser stehen – zur einfachen Entsorgung der Fleischabfälle in die Regnitz (Anfang des 20. Jh.s aufgegeben; heute Bibliothek der Universität) –, ferner gegenüber das **Hochzeitshaus**, das Bürger für Festgelegenheiten mieten konnten (Anfang 17. Jh.).

Fischerei: Direkt an der Regnitz beim ehemaligen Hafen steht das malerische Bauensemble von Fischer- und Schifferhäusern in Fachwerk. Die kleinen Häuser, die zum Teil auf das späte Mittelalter zurückgehen, hatten im Keller ursprünglich offene Hallen zum Wasser. Heute sind sie nurmehr mit ihren hölzernen Laubengängen auf den Fluss ausgerichtet – daher der Name **Klein Venedig**. In diesen (heute zum Teil verglasten) Laubengängen wurden einst die Netze und anderes Fischereigerät aufgehängt.

Die **Konzert- und Kongresshalle**, ein wuchtiger, gelb-rot gestreifter Kubus mit vorgesetztem, gläsernem Foyer, wurde 1989–93 nach Plänen der Münchner Architekten Rollenhagen und Großmann am Ufer des linken Regnitzarms als neue Spielstätte der weltberühmten Bamberger Symphoniker erbaut, wird aber auch für andere Veranstaltungen wie Tagungen und Messen genutzt.

Schillerplatz: Am weiten, dreieckigen Platz, ehemals das Zentrum der Vorstadtsiedlung Zinkenwörth, hat sich eine weitgehend geschlossene Bebauung mit bürgerlichen Wohnhäusern des 18. und 19. Jh.s, teilweise mit älterem Kern, erhalten, darunter das palaisartige Barockhaus Nr. 4 von etwa 1720 und das Haus Nr. 16 von 1745/46, ferner das besonders schmale Haus Nr. 26, wo 1809–13 der Schriftsteller, Zeichner und Komponist E. T. A. Hoffmann wohnte (heute als **E. T. A. Hoffmann-Haus** eine Erinnerungsstätte) – 1808–12 leitete er als Musikdirektor das Theater auf der gegenüberliegenden Platzseite. Dieses Theater (Nr. 5; heute **E. T. A. Hoffmann-Theater**) mit klassizistischer Fassade wurde 1808/09 nach Entwürfen von Ferdinand von Hohenhausen errichtet, nach dem Vorbild des King's Theatre in London (1790) kombiniert mit einem Ballsaal – ein Denkmal des bürgerlichen gesellschaftlichen Lebens des 19. Jh.s in Bamberg. Der Zuschauerraum wurde 1861/62 umgestaltet. Der Erweiterungsbau des Architekten Klaus Springer entstand 1999–2003.

Villa Dessauer – Stadtgalerie Bamberg: Das prachtvolle, repräsentative Wohnhaus ließ sich 1884 der jüdische Hopfenhändler Carl Dessauer im damals beliebten Stil des Historismus erbauen. Seit 1887 befindet sich hier eine Galerie der Stadt

Bamberg für Sonderausstellungen zur modernen und zeitgenössischen Kunst.

St. Gangolf: Das Chorherrenstift bildete seit dem Mittelalter den Kern der vom Gartenanbau geprägten Gärtnerstadt östlich des rechten Regnitzarms. Der Gründungsbau des 11. Jh.s, eine flach gedeckte Basilika mit Querhaus und Chor, hat sich im Kern des Langhauses und des Querhauses bewahrt. Die Fassadentürme stammen in den unteren Geschossen aus dem frühen 12. Jh. und wurden um 1300 aufgestockt, erkennbar an den gotischen Schallfenstern. Damals erfolgten vielleicht auch der gotische Umbau des dreischiffigen basilikalen Langhauses und der Neubau des Chors (Kreuzrippengewölbe erst 1458). Ab 1753 schuf die Künstlerfamilie Mutschele eine neue Innenausstattung im Stil des Rokoko, von der sich nach der Purifizierung des 19. Jh.s, die auch die Fassade betraf, nur einige Elemente erhalten haben: das Deckengemälde in der Vierung (*Marienkrönung* von Johann Joseph Scheubel d. Ä., 1853 überarbeitet), die Kanzel, die Nebenaltäre (zugunsten reiner Dekorformen ohne architektonische Aufbauten), ferner das Chorgestühl und der Hochaltar (Martin Mutschele, 1768/69). Letzterer ist eine ›luftige‹ Säulenarchitektur mit überbordender Rocailledekoration, Tabernakel und den Figuren *Maria im Strahlenkranz*, *Hl. Johannes der Täufer* und *Hl. Gangolf*: in seiner Leichtigkeit und Betonung des Dekorativen ein typisches Werk des Rokoko. In der Göttlich-Hilf-Kapelle, ursprünglich Kapitelsaal, hängt die Figur des bekleideten Christus am Kreuz, nach dem Vorbild des Volto Santo in Lucca (14. Jh., im 18. Jh. überarbeitet). Um das wohlhabende Stift entstand ein vom Zugriff des Fürstbischofs unabhängiger Bereich, eine eigene Immunität, mit den Wohnsitzen der Chorherren, die sich zum Teil in ihrem barocken Erscheinungsbild bewahrt haben (Gangolfplatz, Obere Königstraße).

Gärtner- und Häckermuseum: Eine Besonderheit der Bamberger Stadtstruktur sind die größtenteils bis heute existierenden innerstädtischen Gartenflächen im fruchtbaren Gebiet nordöstlich des rechten Regnitzarms, der Gärtnerstadt oder Theuerstadt, wo seit dem Spätmittelalter Gemüse, Kräuter, Blumen und vor allem Süßholzwurzel angepflanzt wurden. Der europaweite Handel mit diesen Produkten war ein wichtiger Wirtschaftszweig für Bamberg. In einem für dieses Stadtviertel typischen Gärtnerhaus von 1787 – einem eingeschossigen Bau mit mittlerer Durchfahrt, Innenhof und Garten – befindet sich das Freilichtmuseum. Es informiert über das Leben einer wohlhabenden Gärtnerfamilie um 1900 sowie über den Weinbau (fränkisch: Häckerei), der seit dem Spätmittelalter in Bamberg betrieben wurde, solange das Klima noch warm genug war.

Dominikanerinnenkirche Zum Heiligen Grab: Die Ursprünge gehen auf einen Bamberger Bürger zurück, der 1356 nach der Rückkehr von einer Reise zu den Pilgerstätten im Heiligen Land bei der Kapelle Corpus Christi in der Gärtnerstadt (bereits 1314 gebaut) ein Frauenkloster des Dominikanerordens gründete – daher der Name »Zum Heiligen Grab«. Der Bau der Kirche im 14. und 15. Jh. ist mit einer Legende verbunden: Genau an dieser Stelle seien geraubte Hostien wiedergefunden worden. Der einschiffige, schmale Bau im schlichten Stil der Bettelordensgotik hat ein steiles Satteldach, schlanke Maßwerkfenster im Chor und interessante Netzgewölbe – eine bei Frauenklöstern dieser Zeit häufige Kirchenform. Auch die hölzerne Empore im Inneren ist typisch: Von hier konnten die Ordensfrauen der Messe beiwohnen, ohne gesehen zu werden. Die Blendarkaden im Chor werden als Nachbildung des Heiligen Grabs in Jerusalem gedeutet. Bei der Auflösung des Klosters im Zuge der Säkularisation 1802/03 (und dem folgenden Abriss der Konventsbauten) ging ein Großteil der Kirchenausstattung mit Altären und Skulpturen verloren. 1926 wurde das Kloster wiedererrichtet.

Ausgewählte Ziele in der Umgebung von Bamberg

Siehe Übersichtskarte auf S. 150.

◆ **Kloster Banz:** Die ehemalige Benediktinerabtei liegt weithin sichtbar auf einer Anhöhe oberhalb des Maintals und bildet ein Pendant zur Wallfahrtskirche Vierzehnheiligen auf der anderen Seite des Flusses. Die Ursprünge des Klosters gehen auf das 11. Jh. zurück. Im 18. Jh., als die Benediktinerabtei eine wirtschaftliche und kulturelle Blütezeit erlebte, wurde anstelle mehrerer Vorgängerbauten die barocke Anlage errichtet: 1695 plante der Architekt Leonhard Dientzenhofer, damals in Bamberg aktiv, einen Klosterkomplex um drei Innenhöfe; zwischen 1701 und 1738 wurde er schrittweise realisiert. Nach dem Tod des Architekten 1707 leitete sein Bruder Johann Dientzenhofer die Bauarbeiten und legte einen neuen Entwurf für die Kirche vor; sie wurde 1710–18 erbaut und war 1735 fertig ausgestattet. 1770–75 wurde, teilweise nach Plänen von Balthasar Neumann, der große repräsentative Wirtschaftshof auf der Nordseite hinzugefügt, der noch heute den Zugang zum Kloster bildet. Der prachtvolle, entsprechend dem abfallenden Terrain in der Höhe gestaffelte Klosterkomplex erfüllte seinen Zweck nur für sehr kurze Zeit, denn im Zuge der Säkularisation wurde die Benediktinerabtei 1803 aufgelöst.

Die **Kirche St. Peter und Dionysius** mit ihrem Innenraum in kurvigen Formen zählt zu den bedeutendsten Sakralbauten des deutschen Barock. Der Außenbau wirkt schlicht, lediglich die auf Fernwirkung angelegte **Doppelturmfassade** oberhalb einer Freitreppe ist durch eine architektonische Gliederung und einen vorgewölbten Mittelteil betont. Umso mehr überrascht das prachtvolle, raffinierte **Innere** – eine zweijochi-

Kloster Banz, St. Peter und Dionysus: Gewölbe mit Fresko von Melchior Steidl

ge Wandpfeilerkirche mit Seitenkapellen und schmalerem Mönchschor. Gerade Raumbegrenzungen und rechte Winkel sind hier aufgegeben zugunsten gekurvter und schräg gestellter Wandpfeiler sowie kühn geschwungener Gewölbeformen. Unter dem Einfluss der Bauten des italienischen Barockarchitekten Guarino Guarini und der böhmischen Kirchen seines Verwandten Christoph Dientzenhofer hat der Architekt hier einen dynamisch bewegten, ›wellenförmigen‹ Raum von überwältigender Wirkung geschaffen, dessen komplizierte, raffinierte Struktur man aber nur bei genauem Hinsehen erfassen kann: Im Langhaus stehen die gekurvten Wandpfeiler mit vorgesetzten Pilastern und markanten Gebälken auf einem Grundriss von zwei angedeuteten Ovalen, und diese Ovale entsprechen nicht den von kurvigen Gurtbändern eingefassten drei Ovalen des Gewölbes. Lediglich der mittlere, geschwungene Wandpfeiler deutet ein Queroval an, erkennbar am Gebälk, das mit dem zentralen Gewölbefeld übereinstimmt. Vor allem dieses Gewölbe mit den kurvig geführten Gurtbändern, die sich im Scheitelpunkt berühren, anstelle der üblichen geraden, parallel geführten Gewölbegurte, gilt als sensationelle Erfindung Dientzenhofers. Zwischen den Wandpfeilern sind Seitenkapellen mit konkav-konvex geschwungenen Emporen und Stichkappen eingefügt, die weit ins Gewölbe des Langhauses hineinragen. An der Raumwirkung hat, wie meist bei Barockkirchen, die **Ausstattung** mit Altären, Skulpturen und Deckengemälden großen Anteil. Die vielfigurigen, farbenfrohen Deckenfresken in perspektivischer Untersicht schuf Melchior Steidl 1716; er hatte sich zuvor durch Werke in der Bamberger Residenz und im Dom von Fulda einen Namen gemacht. In den Hauptfeldern sind dargestellt: beim Eingang die *Bekehrung des Saulus*, im Zentrum die *Ausgießung des Heiligen Geistes* und vor dem Chor das *Letzte Abendmahl* – ein Programm, das den Weg des Menschen von der Reinigung über die Erleuchtung bis zur Vereinigung mit Gott nach der Lehre der spanischen hl. Theresa von Avila thematisiert. Die Stuckierung des Gewölbes mit dem für das frühe 18. Jh. typischen Laub- und Bandelwerk, das zwar üppig ist, aber anders als wenig später im Rokoko der architektonischen Struktur untergeordnet bleibt, stammt vom Bamberger Hofkünstler Johann Jakob Vogel. Den Hochaltar gestaltete der bekannte fränkische Bildhauer Balthasar Esterbauer 1714 nach einem Entwurf von Johann Dientzenhofer als große offene Säulenarchitektur, die den Mönchschor dahinter vom Hauptraum abtrennt, aber den Durchblick auf das Gemälde des Choraltars vom Bamberger Hofmaler Sebastian Reinhardt ermöglicht – eine kunstvolle Staffelung der beiden Altäre, die den langen

Mönchschor optisch verkürzt. Die vergoldeten und farbig gefassten Seitenaltäre mit rahmender Säulenarchitektur und reichem Skulpturenschmuck setzen sich, ebenso wie die Kanzel nach einem Entwurf von Johann Dientzenhofer, stark von der weißen Architektur ab. Von den Altären sind zu erwähnen: der Vierzehn-Nothelfer-Altar von Johann Georg Bergmüller am rechten Chorpfeiler (1740); der Dreikönigsaltar von Johann Joseph Scheubel d. Ä. am linken Chorpfeiler; der Benediktusaltar von Melchior Steidl in der zweiten Kapelle rechts.

Vierzehnheiligen, Wallfahrtskirche Mariä Himmelfahrt: ♦ Die 1744–72 erbaute Kirche von Balthasar Neumann zählt zu den Meisterwerken der europäischen Architekturgeschichte. Im 15. Jh. setzte hier die Wallfahrt ein, nachdem einem Schäfer das Jesuskind mit den Vierzehn Nothelfern erschienen war, einer Gruppe von volkstümlichen Heiligen und Märtyrern (seit dem Mittelalter erflehte man von ihnen – darunter die hll. Katharina, Barbara, Christophorus und Georg – Beistand). Im 18. Jh. nahm der Pilgerstrom so stark zu, dass die alte, an der Stelle der Erscheinung erbaute Kirche von 1543 zu klein wurde. Man entschied sich somit, die Kirche in größeren Dimensionen neu zu bauen. Dem Bau, wie er sich heute präsentiert, ging aber eine verwickelte und von vielen Machtkämpfen und Intrigen begleitete Planungsgeschichte voraus, bei der sich die beiden gegnerischen Parteien unversöhnlich gegenüberstanden: der Abt des nahegelegenen Klosters Langheim, der für die Kosten des Neubaus aufkommen musste, und der Bamberger Fürstbischof Friedrich Karl von Schönborn, ein engagierter Bauherr, der das Bauvorhaben zu genehmigen hatte. Da man sich auf kein Projekt einigen konnte, legte Balthasar Neumann ein Projekt vor – das der Schönborn'sche Fürstbischof 1743 dann auch zur Ausführung bestimmte: eine kreuzförmige Basilika mit Vierungskuppel über der heiligen Stätte des Wunders und mit Zweiturmfront. Aber alsbald musste Neumann bei einem Besuch der Baustelle feststellen, dass der Bauaufseher auf Bitten des Langheimer Abts die Grundmauern der Kirche einfach ein Stück den Berg hinauf verschoben hatte (er wollte die Kosten für Planierungsarbeiten und Substruktionsmauern am Abhang reduzieren). Dadurch lag nun die verehrte, unverrückbare Stelle der Erscheinung, das eigentliche Ziel der Wallfahrt, entgegen dem liturgischen Gebrauch nicht mehr unter der Vierung, sondern im Langhaus direkt beim Eingang – war also architektonisch nicht mehr durch die Kuppel hervorgehoben. Sowohl Neumann als auch der Bamberger Fürstbischof waren empört. In dieser verfahrenen Situation fühlte sich Neumann zu einem neuen Entwurf herausgefordert. Er bezog die bereits hochgemauerte Choranlage mit den drei Konchen mit ein und hob zugleich den Ort des Wunders hervor: Das Ergebnis, ein wahrer Geniestreich, ein – so Neumann selbst – »Meisterhaftes werck«, beweist, dass Architekten manchmal gerade unter schwierigen Bedingungen die besten Ideen haben.

Der **Außenbau** bewahrt die traditionelle Form der kreuzförmigen Basilika mit geraden Umfassungsmauern, ohne etwas vom neuartigen Innenraum zu verraten. Architektonisch bemerkenswert ist außen nur die steil aufragende barocke Zweiturmfassade, die sich auf ihr Vorbild, die Front der Kirche von Kloster Banz auf der anderen Seite des Maintals ausrichtet, aber stärker konvex-konkav geschwungen und plastischer gegliedert ist als diese. Als eigentliche Sensation gilt der ›schwingende‹, kühn gewölbte **Innenraum** mit einer Abfolge von drei Ovalrotunden. Neumanns entscheidende Idee war, den heiligen Ort mit dem Gnadenaltar im Langhaus durch eine architektonisch besonders aufwendig gestaltete Ovalrotunde hervorzuheben und dadurch deutlich zu machen, dass hier das eigentliche liturgische Zentrum der Kirche mit dem Gnadenaltar liegt: Von der Außenwand abgerückte Pfeilerarkaden mit vorgelegten Halbsäulen aus farbigem Stuckmarmor und eingefügten Emporen – zusätzlicher Platz für Pilger – formen einen eigenen Raum, der wie in das Langhaus hineingestellt wirkt, sich aber dank seiner leichten, lichtdurchfluteten und durchsichtig erscheinenden Architektur auf den übrigen Kirchenraum öffnet. Dieser zentralen Rotunde ist beim Eingang und im Chor mittels schräger und geschwungener Pfeilerstellungen mit vorgelegten Säulen je ein weiteres Oval eingepasst. Außerdem fügen sich zwischen die beiden Ovale des Langhauses angedeutete Querarme mit großen Altären ein. Die eigentlichen Querhausarme gestaltete Neumann als kreisförmige Rotunden. Das Ergebnis ist eine kompliziert geschwungene Raumstruktur aus aneinandergereihten Oval- und Kreisformen, ohne gerade Wandstücke und rechte Winkel. In der Gewölbezo-

Die Wallfahrtskirche Vierzehnheiligen

ne erkennt man, welchen Preis diese Lösung hatte: Es gibt keine wirkliche Vierung mehr, da die Gewölbe der angrenzenden Rotunden größer sind als die Pfeilerstellungen darunter und bis in die Mitte des Vierungsquadrats ragen, wo sich die gelben Gurtbögen berühren: ein Bruch mit der Tradition des Kirchenbaus, aber von überraschender Wirkung. Außerdem entstehen an den Stellen, wo die Gewölbe der einzelnen Rotunden aneinanderstoßen, zwickelartige ›Restgewölbe‹ in verzogenen Formen – insgesamt eine statisch gewagte und die Sinne verwirrende Konstruktion, die nicht exakt dem Grundriss aus Pfeilern und Mauern entspricht. Die Realisierung solch komplizierter Gewölbe war damals eine technische Meisterleistung. Allerdings wurden die Gewölbe flacher ausgeführt, als Neumann, der 1753 vor Vollendung der Kirche starb, es vorgesehen hatte.

Auch die heutige **Ausstattung** im Stil des süddeutschen Rokoko (um 1770) geht nicht mehr auf Neumann zurück, fügt sich aber gut in seine Architektur ein. Bei den eleganten Rocailledekorationen in Gold und hellen Farben auf weißem Grund, die wie die Altäre und die Kanzel von einer Wessobrunner Künstlergruppe unter der Leitung des berühmten Stuckateurs Johann Michael Feichtmayr stammen, ist jede barocke Schwere der Leichtigkeit des späten Rokoko gewichen. Die von bewegten Goldrahmen eingefassten Deckenfresken des kurfürstlichen Hofmalers Giuseppe Appiani aus Mainz, die heute leider stark verblasst sind, gewähren, wie in der Zeit üblich, einen Blick in den ›offenen‹ Himmel mit überirdischen Erscheinungen, darunter die *Verherrlichung der Vierzehn Nothelfer* im Hauptgewölbe, die *Verkündigung an die Hirten* im Chor sowie die *Anbetung des Jesuskindes durch die Heiligen Drei Könige* über der Orgel. Die übrigen Deckengemälde sind wie die Altargemälde (ehemals auch von Appiani) größtenteils Neuschöpfungen des 20. Jh.s. Der berühmte **Gnadenaltar** im

Langhaus an der Stelle der wundersamen Erscheinungen des Hirtenjungen, ein Hauptwerk von Johann Michael Feichtmayr von 1767/68, bildet das liturgische Zentrum der Kirche: Über einer kleinen ausgemalten Kammer mit Schacht zum Punkt der Erscheinungen erhebt sich ein bizarrer durchbrochener Baldachin aus Rocaillen und Voluten, besetzt mit den Stuckfiguren der Nothelfer und bekrönt von vier Figuren des Jesuskindes, die in die verschiedenen Himmelsrichtungen schauen – ein Gebilde nur aus Ornamenten, ganz ohne Architektur. Dieser Altar ist von einer Kommunionbank mit Balustrade in Herzform umgeben, wo auf Postamenten weitere Nothelfer stehen.

Seehof: Schloss Marquardsburg ließ 1687–96 der Bamberger Fürstbischof Marquard Sebastian Schenk von Stauffenberg nach einem Entwurf von Antonio Petrini aus Würzburg als Jagdsitz und Sommerresidenz errichten. Die vom Schloss in Aschaffenburg beeinflusste quadratische Vierflügelanlage mit Eckpavillons mit markanten achteckigen Aufsätzen galt zur Entstehungszeit schon als altertümlich (damals ging der Trend zur Dreiflügelanlage mit zentralem Haupttrakt). Ein auffallendes Merkmal der Außenfassaden sind die zu horizontalen Bändern zusammengefassten Fensterverdachungen. 1746–53 ließ Fürstbischof Johann Philipp Anton von und zu Frankenstein die Wohnräume im Rokokostil neu gestalten. Davon ist lediglich der Festsaal von 1751, auch Weißer Saal genannt, mit einem illusionistischen Deckengemälde von Giuseppe Appiani erhalten, das den niedrigen Raum optisch erhöht. Dargestellt sind antike Götter und Göttinnen, die Jagd, Fischerei, Gärtnerei und Landwirtschaft symbolisieren. Den **Park** ließ Fürstbischof Lothar Franz von Schönborn, der Erbauer von Schloss Pommersfelden, ab 1698 nach Art italienischer Gärten in geometrischen Formen anlegen (nur in der Grundstruktur erhalten bzw. rekonstruiert). Fürstbischof

Adam Friedrich von Seinsheim fügte 1764–71 Wasserspiele mit einer Kaskade hinzu, die von einer eigens angelegten Wasserleitung durch einen Tunnel gespeist wurden (seinerzeit sehr berühmt; 1984–95 wiederhergestellt). Die Skulpturengruppe *Taten des Herkules* vom Bamberger Hofbildhauer Ferdinand Tietz gehört zu den wenigen Überresten der einst überreichen Ausstattung des gesamten Parks mit etwa 400 Skulpturen. Von den Nebengebäuden verdient vor allem die symmetrische Bautengruppe der **Orangerie** Beachtung, 1733–37 nach Plänen von Balthasar Neumann ausgeführt. In deren Westteil befindet sich heute das **Ferdinand-Tietz-Museum** mit den fragmentarisch erhaltenen Originalen der Gartenfiguren des Künstlers.

♦ **Schloss Weißenstein** in **Pommersfelden**, eine der bedeutendsten und besterhaltenen barocken Schlossanlagen Mitteleuropas, ist ein prominentes Beispiel für die Bau- und Kunstleidenschaft der Familie Schönborn. Das süddeutsche Adelsgeschlecht, aus dem zahlreiche Kirchenfürsten hervorgingen, erlebte im 17. Jh. einen beispiellosen politischen Aufstieg, der 1701 in der Ernennung zu Reichsgrafen gipfelte. Der Auftraggeber des Schlosses Lothar Franz von Schönborn bekleidete nicht nur das Amt des Fürstbischofs von Bamberg, er war zugleich Fürsterzbischof von Mainz und als Erzkanzler nach dem Kaiser der ranghöchste Fürst im Heiligen Römischen Reich. Schloss Weißenstein in der Nähe seines Bischofssitzes Bamberg ließ Lothar Franz aber als privates Landschloss und zukünftigen Familienstammsitz errichten, um den Nachruhm des Geschlechts zu sichern – mit Erfolg: Es ist bis heute im Besitz der Grafen von Schönborn. Zudem sollte das Bauwerk die herausragende politische Stellung von Lothar Franz im Reich und seine enge Verbundenheit mit Kaiser Karl VI. – der ihm letztlich sein Amt verdankte – zum Ausdruck bringen. Der Fürstbischof konnte sich den Luxus eines solchen Schlosses leisten, da er als Anerkennung für die Unterstützung der Wahl Kaiser Karls VI. die gewaltige Summe von 100 000 Talern erhalten hatte – mit anderen Worten: Das Schloss wurde, aus heutiger Sicht, mit Bestechungsgeldern erbaut, was damals aber nicht als anrüchig galt. Trotz dieser Finanzspritze nannte sich Lothar Franz selbstironisch einen Narren, der vom »teufelsbauwurmb« wie von einer unheilbaren Krankheit befallen war und daher zu viel Geld für Bauten und Kunst ausgab. Nach damaligem Verständnis gehörten Schlossbauten zum unverzichtbaren Bestandteil fürstlicher Machtpolitik. Der Entwurf für die in der Rekordzeit von nur sieben Jahren 1711–18 errichtete Schlossanlage geht im Wesentlichen auf den Bamberger Hofarchitekten Johann Dientzenhofer zurück, den Erbauer des Doms von Fulda und der Klosterkirche in Banz. Wie bei großen Bauvorhaben in der Familie Schönborn üblich, zog Lothar Franz auch einen Verwandten, seinen Lieblingsneffen und Reichsvizekanzler in Wien, Friedrich Karl von Schönborn, zu Rate; dieser versuchte, Einfluss auf die Planung zu nehmen, und beauftragte den kaiserlichen Hofarchitekten Lukas von Hildebrandt mit Korrekturentwürfen. Außerdem flossen Ideen des Mainzer Architekten Maximilian von Welsch und des Bauherrn selbst in die Entwürfe ein.

Außenbau: Das Schloss ist als U-förmige Dreiflügelanlage um einen Ehrenhof angelegt, der sich auf die Umgebung öffnet. Den gewaltigen Baukörper rhythmisieren ein zentraler Mittel- und zwei Seitenpavillons, jeweils mit markanten Mansarddächern – insgesamt eine französisch beeinflusste Bauweise. Der weit in den Hof vorspringende und an den Ecken abgerundete Mittelpavillon mit dem repräsentativen Kernbereich des Schlosses setzt sich deutlich von den wesentlich schlichter gehaltenen Flügeln und Seitenpavillons ab: durch seine Größe und die besonders prachtvolle Gliederung mit kolossalen Pilastern und mittigen Doppelsäulen, Gebälkverkröpfungen und Dreiecksgiebel mit Schönbornwappen sowie schließlich durch den Skulpturenschmuck.

Charakteristisch für den deutschen Schlossbau des frühen 18. Jh.s ist die Aufteilung im **Inneren:** Der Mittelpavillon birgt die besonders aufwendig gestaltete Raumfolge von Treppenhaus, Gartensaal und Festsaal im Obergeschoss. Symmetrisch zu beiden Seiten dieses Zentrums breiten sich die Empfangs- und Wohnappartements aus. Das große zentrale **Treppenhaus** gehört zu den Hauptsehenswürdigkeiten des Schlosses. Solche Prunktreppenhäuser waren vor allem in den Schlössern des Reiches beliebt: als Schauplätze des höfischen Empfangszeremoniells, denn die wichtigsten Repräsentations- und Wohnräume lagen im ersten Obergeschoss. Je nach Rang empfing der Hausherr seinen Gast oben an der Treppe oder kam ihm einige Stufen oder sogar bis ganz unten entgegen und stieg dann mit ihm gemeinsam die Treppe hinauf – Architektur und Zeremoniell waren hier Sinnbilder für die Rangunterschiede zwischen den Personen. Die Architektur des Pommersfeldener Treppenhauses geht auf eine Idee von Lothar Franz zurück. Aber erst durch die umlaufenden dreigeschossigen Arkaden und Kolonnaden, die Lukas von Hildebrandt hinzufügte, erhielt die Anlage ihre einzigartige barocke Gestalt – sie mutet wie der Innenhof eines Palastes mit eingestellter zweiarmiger Treppe an. Als Vorbilder gelten die Treppen der Schlösser in Salzdahlum (Herkunftsort der Kaiserin), Schönbrunn und Versailles (beide zerstört), ferner ein Treppenprojekt für die Schlossanlage des Louvre in Paris sowie die Innenhöfe Genueser Paläste mit ihren eingestellten Stiegenhäusern. Das riesige Deckengewölbe schmückt ein Fresko von Johann Rudolf Byss von 1717, die perspektivisch gemalte Randarchitektur stammt von Giovanni Francesco Marchini, einem Spezialisten für illusionistische Architekturmalerei. Die Decke ›öffnet‹ sich auf einen Götterhimmel mit dem Sonnengott

Treppenhaus in Schloss Weißenstein, Pommersfelden

Apoll im Zentrum, dessen strahlend helles Licht die damals bekannten vier Erdteile im Kreis der Planetengottheiten und Tierkreiszeichen erleuchtet: eine von Darstellungen König Ludwigs XIV. in Versailles beeinflusste Anspielung auf die Regierung von Lothar Franz und seine Herrschaftsansprüche als ranghöchster Reichsfürst. Vielleicht soll hier aber auch das Schönborn'sche Verständnis der idealen Reichspolitik veranschaulicht werden: So wie sich Apoll das Firmament mit den Planeten teilt, so sollte sich der Kaiser, obwohl oberste Instanz, die Macht im Reich mit den Reichsfürsten teilen. Die Treppe mündet vor dem Eingang zum großen Saal zunächst in das **Vestibül**, einen geschickt in den Umgang eingefügten, doppelgeschossigen kleinen Vorraum mit nach oben geöffnetem Gewölbe. Lothar Franz, dessen Porträtbüste in Gestalt des antiken Helden Herkules über der Tür angebracht ist, wird hier als kunstliebender und tugendhafter Kurfürst verherrlicht. Der **Marmorsaal**, der Hauptsaal des Schlosses, hat seinen Namen von der großen Pilaster- und Säulengliederung in Natur- und Stuckmarmor. Sowohl seine zentrale Lage in direkter Verbindung mit einem Gastappartement für einen eventuellen Aufenthalt des Kaisers (Raumflucht links des Saales) als auch die Themen der Ausstattung zeigen, dass es sich um einen Kaisersaal handelt (auch wenn der Kaiser tatsächlich nie vorbeikam), ein in deutschen Schlössern beliebter Raum zur Verherrlichung des Oberhauptes des Reiches. Dementsprechend demonstriert die Ausstattung mit Stuckfiguren (*Vier Weltmonarchien* und *Vier mythische Zeitalter des Menschen*) und Fresken die Loyalität des Reichsfürsten Lothar Franz zum Kaiser als Oberhaupt des Reiches – hier allerdings in einer besonderen Variante: Das Deckenfresko von Johann Michael Rottmayr, dem bedeutendsten österreichischen Maler der Zeit, zeigt in mythologischer Verkleidung die Kaiserin Elisabeth Christine als Venus – oder vielleicht auch als Aurora, die Göttin der Morgenröte –, wie sie als glückbringende Herrscherin und Siegerin über das Böse dem Reich eine gute Regierung beschert. Lothar Franz hatte die Konversion der protestantischen Prinzessin zum Katholizismus im Bamberger Dom vollzogen und damit ihren Aufstieg zur Kaiserin ermöglicht. Im Flügel rechts des Marmorsaals liegt das **Appartement von Lothar Franz**, wie für einen Reichsfürsten üblich eine Raumfolge, die den Anforderungen des höfischen Zeremoniells – den Verhaltensregeln für das höfische Leben – entsprach: vom öffentlichen Bereich aus Vorzimmer, hier Tafelzimmer genannt, und Audienzzimmer bis zu den dahinter liegenden privaten Räumen (Wohn- und Schlafzimmer sowie Spiegelkabinett). Eine Besonderheit war die zentrale Lage der Gemäldegalerie am Eingang der Wohnung: Lothar Franz war seine bedeutende Sammlung von italienischen, niederländischen, flämischen und deutschen Gemälden sehr wichtig (er ließ sogar einen Katalog publizieren); sie sollte für Besucher zugänglich sein, ohne dass sie seine Gemächer betreten mussten. Allerdings sind die Gemälde heute nicht mehr dicht nebeneinander aufgehängt und zudem auf die übrigen Räume verteilt; diese verfügen alle über eine ungewöhnlich gut erhaltene Ausstattung: zarter weiß-goldener Deckenstuck von Daniel Schenk mit Ranken-, Bandel- und Gitterwerk, der Stilstufe um 1715 vor dem Rokoko, hier durchsetzt mit Tieren und Gefäßen, teilweise auch mit kleinen Deckenfresken; ferner herausragende Beispiele von Möbelstücken des berühmten fränkischen Kunsttischlers Ferdinand Plitzner. Kunsthistorisch besonders bedeutend ist das **Spiegelkabinett** (1714–18; ebenfalls von Plitzner), eines der frühesten Beispiele dieser aus Holland stammenden Raumgattung in Deutschland, hier mit reich intarsiertem Parkettboden und aufwendigen Wandvertäfelungen, Spiegeln, Konsoltischen und Konsolen für das ausgestellte Porzellan. Zurück im Erdgeschoss gelangt man in die Sala terrena, den Gartensaal: Er hat die für Johann Dientzenhofer typische, komplizierte Gewölbeform mit elliptischen Gurten und wirkt durch die Verkleidung mit Glasschlacken, Muscheln, Tuffstein, Edelsteinen und Brunnen wie eine Grotte.

Der **Marstall**, 1714–16 nach Ideen des Bauherrn von Maximilian von Welsch angelegt, liegt der Hauptfront des Schlosses gegenüber und schließt dessen Ehrenhof nach Süden ab. Das durch eine weite Exedra eingeschwungene Gebäude wird durch einen konvexen Mittelrisalit mit Vollsäulen und Sprenggiebel akzentuiert und durch eine Attika mit Figuren abgeschlossen. Der ›niedrigen‹ Funktion des Stalls entsprechend sind die Architekturformen einfach gehalten. Die ovale Sattelkammer ist mit gemalter Scheinarchitektur von Giovanni Francesco Marchini und mythologischen Szenen von Johann

Rudolf Byss (1719) ausgemalt, die auf die Funktion des Raumes anspielen.

Gößweinstein: Die 1730–39 erbaute **Wallfahrtskirche zur Heiligsten Dreifaltigkeit** aus gelblichem Sandstein überragt wie die Burg den Ort. Sie ist ein Frühwerk des bedeutenden süddeutschen Barockarchitekten Balthasar Neumann, der sich damals gerade mit dem Bau der Würzburger Residenz einen Namen gemacht hatte. Wie in Würzburg erteilte auch in Gößweinstein ein Mitglied der baufreudigen Familie Schönborn dem Architekten den Auftrag: der Bamberger Fürstbischof Friedrich Karl. Die alte Kirche war wegen der vielen Wallfahrten zum hier verehrten Gnadenbild zu klein geworden. Neumann kam zum Zug, da die Planungen anderer Baumeister, darunter Johann Dientzenhofer, für den Neubau zuvor nicht zum gewünschten Erfolg geführt hatten. Die **Fassade** gestaltete Neumann als Schaufront mit Pilastergliederungen und zwei Glockentürmen sowie mit einem durch Säulen und Bauskulpturen betonten Mittelteil, darunter das Schönbornwappen und ein Relief mit der *Heiligen Dreifaltigkeit.* Das **Innere** ist über einem lateinischen Kreuz mit Dreikonchenanlage aus Querhaus und Chor angelegt. Aber Neumann hat versucht, bei dieser traditionellen Grundrissform eine Kombination aus langgestrecktem Bau und Zentralbau zu schaffen – ein ›Thema‹, das ihn auch bei späteren Kirchenentwürfen immer wieder beschäftigte und zu neuen Raumformen inspirierte, so etwa in Vierzehnheiligen. In Gößweinstein erreichte er die zentralisierende Wirkung der Architektur durch ein kurzes, von zwei flachen Seitenkapellen begleitetes Langhaus und durch eine weiträumige Vierung, die mit Querhaus und Chor zu einer räumlichen Einheit verschmolzen ist: durch die abgeschrägten, ›überleitenden‹ Vierungspfeiler sowie durch eine eigenwillige Gewölbeform – eine Flachkuppel auf zwickelartigen Pendentifs; aber da diese Kuppel kleiner ist als das Vierungsquadrat, sind noch Stichkappen eingefügt, die zum Chor und den Querhausarmen überleiten. Der sichtbare räumliche Zusammenhang dieser Dreikonchenanlage wird bisweilen auch als architektonische Anspielung auf die Heilige Dreifaltigkeit interpretiert, der die Kirche geweiht ist. Die **Ausstattung** ist Neumanns Architektur ebenbürtig. Die weißen Stuckaturen in der Gewölbezone, auf Wunsch des Auftraggebers auf blauem Grund, stammen vom Bamberger Hofstuckateur Franz Jakob Vogel: Charakteristische Dekorformen im Stil der französischen Régence, dem Rokoko vorausgehend, sind die Gitterfelder und das Bandelwerk. Die geplante Ausmalung mit Deckenfresken unterblieb zunächst, bis sie 1928 nachgeholt wurde. Für die erst 1768 fertiggestellten Altäre und die Kanzel zeichnete der Neumann-Schüler Johann Michael Küchel verantwortlich. In der Kunstgeschichte Frankens einmalig ist der **Hochaltar**, ein pyramidaler, weiß-goldener Aufbau ohne Architektur, nur aus zahlreichen Heiligenfiguren aus Stuck und Ornamenten, hinterfangen von einer riesigen Vorhangdraperie – eine Art Schrein zur Inszenierung des verehrten Gnadenbildes, einer spätgotischen Skulpturengruppe mit der *Marienkrönung* und der *Heiligen Dreifaltigkeit* (bis heute das Ziel der Pilger).

Weitere sehenswerte Baudenkmäler in Gößweinstein: der stattliche **Pfarrhof** des Architekten Michael Küchel von 1747; das **Wallfahrtsmuseum** im **Mesner- und Schulhaus** von 1748/49; die **Franziskanerkirche St. Maria**, 1630/31 von Giovanni Bonalino als Friedhofskapelle in noch gotischen Formen erbaut und 1723 um einen Mönchschor erweitert; die hochaufragende **Burg**, seit dem 12. Jh. im Besitz des Bamberger Hochstifts und im Kern mittelalterlich, aber nach einem Brand im 16. Jh. wiederaufgebaut.

Forchheim

Forchheim ist heute bekannt für seine malerische Altstadt mit gut erhaltenen Fachwerkhäusern und die sog. Kaiserpfalz. Im frühen Mittelalter spielte es politisch eine wichtige Rolle: Die Ursprünge der Stadt gehen auf das 8. Jh. zurück, als die fränkischen Könige hier eine Pfalz gründeten. Aufgrund der damals günstigen Verkehrslage wurde sie zu einem wichtigen Fernhandelsplatz und einem beliebten Aufenthaltsort der umherreisenden Herrscher des fränkischen Reiches; wichtige Hof- und Reichstage wurden hier abgehalten. Als Forchheim 1062 an Bamberg fiel, büßte es zwar zugunsten der Domstadt an Bedeutung ein, wurde aber zum zweitwichtigsten Sitz der Fürstbischöfe. Daher ließen sie hier eine Burg errichten – dieser Komplex wird heute fälschlicherweise als Kaiserpfalz bezeichnet. Im 13. Jh. zur Stadt erhoben, erhielt Forchheim einen Marktplatz entlang einer neuen Achse (heutige Hauptstraße), ein Rathaus und einen Mauerring (1786 niedergelegt). Nach dem zweiten Markgrafenkrieg 1552–54 zwischen dem Markgrafen von Brandenburg-Kulmbach und seinen fränkischen Nachbarn, darunter auch dem Hochstift Bamberg, bauten die Fürstbischöfe bis 1610 Forchheim zur sicheren Grenzfestung mit modernen italienischen Bastionen aus. Nach dem Dreißigjährigen Krieg wurden die Bollwerke bis zum 18. Jh. noch einmal vergrößert. In der Barockzeit machte sich zusehends der kulturelle Einfluss Bambergs bemerkbar – Forchheim erlebte damals einen kleinen Bauboom. 1803, nach der Auflösung des Fürstbistums Bamberg, fiel die Stadt an Bayern.

Hauptstraße – Rathausplatz – Sattlertorstraße: An der wichtigsten Straßenachse und der Platzerweiterung vor dem Rathaus – dem ehemaligen Markt, der in die Salvatorstraße mündet – haben sich besonders schöne Beispiele von **Fachwerkhäusern** des Mittelalters und der Renaissance erhalten;

viele sind mit dem Giebel zur Straße ausgerichtet und weisen das typische x-förmige Fachwerk auf. Das **Rathaus** von 1490/91 mit dem benachbarten **Magistratsbau** von 1535, dem ersten Renaissancebau Forchheims, das **Frechshaus** (spätes 15. Jh.) und die anschließenden Häuser bilden eines der eindrucksvollsten Fachwerkensembles in Deutschland. Beispiele für barocke Steinhäuser nach Bamberger Vorbild, wie man sie im 18. Jh. dem Fachwerk vorzog (manchmal allerdings setzte man nur eine Steinfassade vor ein Fachwerkhaus), sind die **Domprobstei** (Sattlertorstraße 2), die **Fürstbischöfliche Kommandantur**, 1743–47 von Johann Michael Küchel erbaut (Paradeplatz 2), und das **Fürstbischöfliche Amtshaus** von 1685 (Nürnberger Straße 3).

St. Michael blickt auf eine lange Baugeschichte zurück, die bis ins 9. Jh. zurückreicht. Die heutige Kirche, eine dreischiffige Pseudobasilika mit gotischem, polygonal abgeschlossenem Chor und mächtigem Glockenturm, stammt zum großen Teil aus dem 14. Jh., als man die Pfarrei in ein angesehenes Kollegiatstift umwandelte. Das Innere wird von der barocken Umgestaltung und der Flachdecke von 1895 bestimmt, hat aber seinen mittelalterlichen Grundcharakter bewahrt. Neben dem Hochaltar von 1698 mit Gemälden des Bamberger Hofmalers Sebastian Reinhardt (*Mantelteilung des hl. Martin* und *Marienkrönung*) sind vor allem die spätgotischen Ausstattungsstücke sehenswert: die acht Tafelbilder mit der *Passion Christi* und der *Martinslegende* vom ehemaligen Hochaltar (1480–85, dem Bamberger Maler Wolfgang Katzheimer zugeschrieben); die Figuren der Zwölf Apostel (um 1500) und das Holzrelief mit dem *Abschied Christi von seiner Mutter* (um 1515); ferner zwei Epitaphien des 16. Jh.s.

Sog. Kaiserpfalz: Die Amtsburg der Bamberger Bischöfe aus dem späten 14. bis 17. Jh. wird fälschlicherweise immer noch als Kaiserpfalz bezeichnet, obwohl man inzwischen weiß, dass die Anlage nicht auf den Überresten der fränkischen Pfalz des 8. Jh.s errichtet ist. Über eine Brücke betritt man den von einem Wassergraben umgebenen Burgkomplex. Dieser umfasst einen Innenhof und besteht aus einem hohen Hauptflügel des 14. Jh.s (bischöfliche Wohnräume), an den 1603 der Treppenturm angefügt wurde, und seitlichen Fachwerkgängen des 16. Jh.s. Kunsthistorisch bedeutend sind die Reste der Wandmalereien im Inneren von etwa 1400: unter anderem im Kaisersaal und in der ehemaligen Burgkapelle. Die illusionistische Architekturmalerei im zweiten Obergeschoss schuf Jakob Ziegler 1559/60. Die Pfalz beherbergt heute das **Pfalzmuseum** mit dem Archäologiemuseum Oberfranken, dem Stadtmuseum Forchheim und dem Museum zum Trachtenwesen der Fränkischen Schweiz. Südlich der Burg liegt die **Marienkapelle**, die ehemalige Pfalzkapelle: Im Kern stammt sie aus dem frühen 12. Jh.; heute mit einer barocken Innenausstattung von 1720/30 des Bamberger Hofstuckateurs Johann Jakob Vogel.

Festungswerke und **Stadttore**: Im Nordwesten der Altstadt haben sich noch Teile der Festungsanlagen mit den charakteristischen dreieckigen Bastionen und den verbindenden Wallmauern erhalten. Das imposante gewölbte Innere der St.-Veit-Bastion kann man im Rahmen einer Führung besichtigen. In eine andere Bastion ist das Saltor genannte Stadttor der mittelalterlichen Mauer integriert. Das Neue Nürnberger Tor von 1698, das einzige erhaltene Tor der neuzeitlichen Wehranlage, weist die für Festungsarchitektur typischen, kräftigen Buckelquader auf.

Maximilianstraße: Der für süddeutsche Städte typische langgezogene Straßenmarkt, in dessen Mitte einst das Rathaus stand, ist der älteste Siedlungskern Bayreuths (13. Jh.) und noch heute der zentrale Platz der Altstadt. Nach den verheerenden Stadtbränden 1605 und 1621 entstanden die heutigen Giebelhäuser; insbesondere auf der Südseite haben mehrere Beispiele die Zerstörungen des Zweiten Weltkriegs überstanden. Manche davon haben neben einer breiten Toreinfahrt zum Innenhof einen Erker (rechteckig oder polygonal) – ein solcher war erst ab dem ersten Geschoss aufwärts gestattet, damit der öffentliche Straßenraum nicht beeinträchtigt wurde. Hervorzuheben sind: das **Gesandtenpalais** (Nr. 17) aus dem 17. Jh., das Markgraf Christian Ernst um 1690 als Wohnhaus für auswärtige Gesandte an seinem Hof erwarb und das Markgraf Friedrich 1740 mit dem heutigen feinen Stuck verzieren ließ; das **Alte Rathaus** (Nr. 33; Portal erst 1724, mit Skulpturen aus der Werkstatt des Elias Räntz): Im Inneren befindet sich das **Kunstmuseum Bayreuth**, mit einem Sammlungsschwerpunkt zur Klassischen Moderne und der Kunst nach 1945; die Mohrenapotheke (Nr. 57), 1610 von Michael Mebart. Die Straßenmitte zieren drei **Brunnen**: Im Zentrum steht der Herkulesbrunnen (1676, Georg Wieshack; Herkulesfigur: Kopie), im Osten der Famabrunnen (1708, Elias Räntz) und im Westen der Neptunbrunnen (1766, Johann Gabriel Räntz).

Altes Schloss: Der weiträumige, historisch gewachsene Baukomplex wurde im 16. Jh. über einem mittelalterlichen Kern am Nord-Ost-Rand der damaligen Stadt begonnen – er sollte den Markgrafen als Nebenresidenz dienen (ihr Hauptsitz war damals Kulmbach). 1603 allerdings verlegte Markgraf Christian die Residenz nach Bayreuth, und so wurde das Schloss im Laufe des 17. Jh.s etappenweise zum neuen Regierungs- und Wohnsitz ausgebaut, mit Ausrichtung auf die Maximilianstraße: ein deutliches Zeichen landesherrlicher Präsenz am bürgerlichen Marktplatz. Erst die barocken Erweiterungsbauten um den Ehrenhof an der Maximilianstraße, auch äußerer Schlosshof genannt, und die über alle Trakte einheitliche Fassadengliederung, die Charles Philippe Dieussart und Leonhard Dientzenhofer im Auftrag von Markgraf Christian Ernst 1676–91 schufen, verliehen dem Komplex nun die Gestalt einer barocken Schlossanlage (die Trakte um den Ehrenhof wurden nach Zerstörungen im Zweiten Weltkrieg wiederhergestellt). Als ab 1753 das Neue Schloss errichtet wurde, verlor das nun sog. Alte Schloss seine Residenzfunktion und diente nur noch als Verwaltungssitz. 1759 entstanden anstelle der 1753 zerstörten Trakte im Norden und Osten des inneren Hofs zwei repräsentative Wohnpalais für markgräfliche Beamte sowie die Schlosskirche.

Als älteste Bauteile sieht man heute noch die Reste der ursprünglich um den inneren Hof geschlossenen Vierflügelanlage des 16. und frühen 17. Jh.s (damals eine typische Schlossanlage der deutschen Renaissance): Seit dem Schlossbrand 1753 stehen nur noch der Südtrakt zur Maximilianstraße, der Westflügel und der Schlossturm von 1565. In diesem achteckigen **Schlossturm** (Architekt: Caspar Vischer) mit abschließender Rundbogengalerie, heute Glockenturm der katholischen Pfarrkirche, führt eine Wendeltreppe nach oben, und neben dieser – eine Besonderheit – eine stufenlose Rampe zum Transport von Lasten hinauf in den markgräflichen Speicher, wie etwa der Abgaben der steuerpflichtigen Bauern. Die weiß getünchten **Barockfassaden** der Bauten um den **Ehrenhof** mit wuchtiger Pilastergliederung und Fensterrahmungen in rötlichem Ton prägen das heutige Erscheinungsbild der weiträumigen Schlossanlage zur Stadt. Eine Besonderheit dieser Fassaden sind die über 60 Medaillons mit fast vollplastischen

Köpfen, die zwischen 1625 und 1700 geschaffen wurden, die spätesten von Elias Räntz und seiner Werkstatt. Diese Galerie antiker Götter und Kaiser, christlicher Herrscher und, so wird vermutet, zeitgenössischer Persönlichkeiten, etwa des markgräflichen Hofs, geht auf Vorbilder der italienischen Renaissance zurück, ist aber auch schon in der markgräflichen Plassenburg in Kulmbach zu finden – dahinter zeigt sich der ungeheure Anspruch der Markgrafen, die sich in der Nachfolge dieser Herrscher sahen. Im Ehrenhof stand einst der Markgrafenbrunnen von Christian Ernst, bis er 1748 vor das Neue Schloss kam (das Innere des Schlosses, heute Finanzamt, ist nicht zu besichtigen).

Schlosskirche (seit 1813 katholische **Stadtpfarrkirche Mariae Himmelfahrt**): Nach dem verheerenden Brand 1753 im Alten Schloss, der auch die Hofkapelle zerstörte, verzichtete das Markgrafenpaar Friedrich und Wilhelmine auf eine vollständige Wiederherstellung des Komplexes, ließ aber am alten Platz eine neue Schlosskirche mit Grablege erbauen. Schon 1758 war der Bau von Hofbaumeister Joseph Saint-Pierre vollendet. Von außen sehr schlicht, überrascht das Innere umso mehr: eine Saalkirche mit umlaufenden Emporen auf stuckierten dorischen Holzsäulen und mit einer flachen rosafarbenen Decke mit sparsamem weißem Stuck im Stil des Bayreuther Rokoko des markgräflichen Hofstuckateurs Giovanni Battista Pedrozzi. Die ursprüngliche Ausstattung wurde bei der Umwandlung in eine katholische Kirche 1813 zum Teil entfernt, vor allem der für protestantische Kirchen typische Kanzelaltar und die Orgel darüber sowie gegenüber die Fürstenloge (heute befindet sich hier die Orgel). Die Deckengemälde hat man im Rahmen der Sanierung 2018 nach historischen Vorlagen erneuert. Unter der heutigen Orgel führt ein weiß gerahmtes Portal, flankiert von vergitterten Fenstern, in die markgräfliche Grablege mit den schlichten Sarkophagen von Friedrich und Wilhelmine sowie ihrer Tochter Elisabeth Friederike Sophie.

Das **Palais d'Adhémar**, das sich 1759–61 der gleichnamige Hofadelige vom Architekten Carl von Gontard, der später unter König Friedrich dem Großen in Berlin und Potsdam Karriere machen sollte, erbauen ließ, gehört zu den ganz wenigen adeligen Wohnpalais in Bayreuth. Sowohl zum Schlosshof als auch auf der Rückseite besitzt der zweigeschossige Putzbau Fassaden in einem strengen barocken Stil mit Mittelrisaliten, die durch Pilaster oder Säulen und einen bekrönenden Dreiecksgiebel ausgezeichnet sind.

♦ Das **Markgräfliche Opernhaus** ist nicht nur neben der Eremitage das bedeutendste Bauwerk in Bayreuth aus der Regierungszeit des Markgrafenpaars Friedrich und Wilhelmine, sondern auch das weltweit besterhaltene Barocktheater und damit ein einzigartiges Zeugnis der höfischen Fest- und Musikkultur des Absolutismus. Daher wurde es 2012 zum Weltkulturerbe der UNESCO ernannt. Dieses Meisterwerk der Architekturgeschichte geht in erster Linie auf die Initiative der Markgräfin Wilhelmine zurück, eine passionierte Opern- und Musikliebhaberin. Vor allem Opernaufführungen zählten damals in ganz Europa zum unverzichtbaren Bestandteil der höfischen Repräsentation. An vielen Orten entstanden daher eigene Theaterbauten, die aber auch für andere höfische Ereignisse wie Bälle genutzt wurden. Anlass für die Errichtung des Bayreuther Theaters war die Hochzeit der einzigen Tochter des Markgrafenpaares Elisabeth Friederike Sophie mit Herzog Carl Eugen von Württemberg, die 1748 mit großem Aufwand gefeiert werden sollte. Wilhelmine hatte den Ehrgeiz, für ein solches Projekt den damals führenden Theaterarchitekten Europas nach Bayreuth zu berufen: Giuseppe Galli Bibiena. Er entstammte einer weitverzweigten Familie, die in vielen Städten – von Lissabon über Wien, Dresden und Nancy bis nach Italien – Theaterbau-

Die Fürstenloge im Markgräflichen Opernhaus, Bayreuth

ten errichtete und Bühnenbilder entwarf. Bis auf die Theater in Bologna und Pavia – und eben das in Bayreuth – sind sie alle zerstört. Giuseppe schuf, unterstützt von seinem Sohn Carlo aus Wien, der die Bauleitung vor Ort innehatte, in nur vier Jahren (1746–50) den spektakulären barocken Zuschauerraum. Mit diesem Theater katapultierte sich Wilhelmine mit einem Schlag an die Spitze europäischer Mäzene – zur eher geringen politischen Bedeutung des kleinen Markgrafentums stand dies in einem gewissen Missverhältnis. Der **Außenbau** stammt hingegen nicht mehr von Bibiena, sondern wie das Neue Schloss vom Bayreuther Hofarchitekten Joseph Saint-Pierre. Seine monumentale, schlossartig wirkende Fassade, die sich in die Straßenflucht einfügt, zeichnet sich durch einen Mittelrisalit mit Kolossalsäulen sowie eine abschließende Balustrade mit den Figuren von Minerva, Apoll und den Musen aus: insgesamt eine strenger wirkende Architektur als in Bibienas prachtvollem Innenraum. Vom schlichten **Vestibül** gelangt man in den hohen Vorraum mit der Treppe zur Fürstenloge und den seitlichen dreigeschossigen Logen für die Zuschauer der höfischen Gesellschaft, die von hier das ankommende Fürstenpaar begrüßten. Der anschließende **Zuschauerraum**, das eigentliche Prunkstück des Opernhauses, entspricht dem Typ des italienischen Logentheaters und ist als freitragende Konstruktion aus Holz und Leinwand in die steinerne Gebäudehülle eingestellt. Der überwältigende Raum weist die typischen Merkmale der Theaterbauten der Familie Bibiena auf: den glockenförmigen Grundriss statt der bisherigen einfachen U-Form und die diagonal abgewinkelten Trompeterlogen des Proszeniums. Von hier kündigten Pauker und Trompeter der Hofgesellschaft, die zuerst zur Vorstellung Platz nahm, das Eintreffen des Markgrafenpaares in der Fürstenloge gegenüber an. Das Bühnenportal und die Fürstenloge sind aufeinander bezogen – beide sind durch umrankte Säulen, allegorische Figuren des Ruhmes, der

Fruchtbarkeit und verschiedener Tugenden wie Klugheit und Gerechtigkeit, sowie durch Wappen mit geschlossenen Kronen, die für die königlich-preußische Abstammung Wilhelmines stehen, besonders betont. Die Fürstenloge, das eigentliche Zentrum des Theaters, von dem sich das Markgrafenpaar dem Publikum zeigte, heben ein Baldachin, der brandenburgische Adler und die Inschrift, die stolz auch den Namen des Architekten nennt, nochmals hervor. Die farbigen Bemalungen und Schnitzereien der dreigeschossigen Ränge mit den Logen (Früchte, Blumen, lachende Gesichter) künden vom glücklichen und friedlichen Goldenen Zeitalter, das dank der Regierung von Friedrich und Wilhelmine in Bayreuth wiederauflebt. Auf diesen paradiesischen Zustand spielt auch die illusionistisch in Untersicht gemalte Decke an, die sich über einer gemalten Brüstung auf den Himmel mit Apoll, Pegasus und den Musen als Vertreterinnen der Künste wie Literatur, Architektur und Musik ›öffnet‹, die – so die Botschaft – unter der Regierung des Markgrafenpaares gedeihen. Um die tiefere Bedeutung eines solchen barocken Hoftheaters zu verstehen, muss man sich vor Augen halten, dass jede Theater- und Opernaufführung vor allem der Selbstdarstellung des Herrschers und der Demonstration seiner Macht gegenüber der anwesenden, hierarchisch platzierten Hofgesellschaft diente. Der Theaterbau bot den prunkvollen Rahmen für ein höfisches Spektakel nach festen zeremoniellen Regeln, an dem die Darsteller auf der Bühne ebenso teilnahmen wie das Publikum in den Rängen, um dem ›Hauptdarsteller‹, dem Fürstenpaar im Mittelpunkt des Geschehens, zu huldigen. Im 19. Jh. wurde das Bühnenportal verkleinert. Erst die 2013–18 durchgeführten Restaurierungs- und Instandsetzungsarbeiten haben dessen Originalgröße und die ursprüngliche Farbfassung der virtuosen illusionistischen Malerei im Zuschauerraum wiederhergestellt. Auf der Bühne ist heute eine Rekonstruktion des Bühnenbildes für die Eröffnungsoper *Ezio* von 1748 zu sehen – ein typisch barockes Bühnenbild mit mehreren perspektivisch gestaffelten Leinwandkulissen, die den Innenraum eines Palasts vortäuschen und mit dem Zuschauerraum eine Einheit zu bilden scheinen; es wurde auf der Basis von Entwurfszeichnungen Carlo Galli Bibienas angefertigt.

Das benachbarte **Redouten- und Komödienhaus**, 1722 von Johann David Räntz im schlichten strengen Barockstil Frankreichs für Schauspiele und Hofbälle erbaut, wird bis 2021 zu einem Informationszentrum mit Dauerausstellung über das Markgräfliche Opernhaus und die Theaterkultur am Bayreuther Hof umgebaut.

Markgräfliche Kanzlei: Noch bevor der Hof 1603 von Kulmbach nach Bayreuth umzog, hat man den Verwaltungssitz des Fürstentums hierher verlegt. Der heutige langgestreckte Bau, der sich dem gekurvten Straßenverlauf mit historischer Häuserbebauung anpasst, entstand in mehreren Phasen zwischen 1623–30 und dem 19. Jh., präsentiert sich aber als Komplex mit einheitlicher Fassade mit vier Risaliten und Säulenportalen, da die Erweiterungstrakte jeweils dem Ursprungsbau des 17. Jh.s angepasst wurden.

Die **Stadtpfarrkirche Heilige Dreifaltigkeit** ist das einzige wichtige Bauwerk Bayreuths aus dem Mittelalter, das also noch vor dessen Blütezeit als markgräfliche Residenzstadt errichtet wurde: Anstelle eines romanischen Vorgängerbaus des 13. Jh.s entstand ab 1375 eine gotische Kirche, die noch während der Bauarbeiten bei den Hussitenstürmen von 1430 beschädigt wurde und daher 1439–80 zum Teil erneuert werden musste. Die Türme vollendete man erst 1519–29. Nach dem verheerenden Stadtbrand von 1605, der auch die Kirche schwer in Mitleidenschaft zog, erfolgte der Wiederaufbau (Seitenschiffe, Gewölbe) durch Baumeister Michael Mebart aus Straßburg; er behielt die gotische Formensprache bei. Wenig später erhielt die

Kirche eine frühbarocke Ausstattung durch den Nürnberger Bildhauer Hans Werner mit Altären, Kanzel, Taufstein und Grabsteinen, denn nachdem Bayreuth 1603 Residenzstadt geworden war, wurde die Kirche 1614 zur Hofkirche und Grablege der Markgrafen sowie zur Hauptkirche des gesamten Fürstentums. Die Kirche entspricht dem Typ der dreischiffigen gotischen Basilika mit eingezogenem, polygonal geschlossenem Chor und Doppeltürmen auf der Westseite. Anstelle der für Stadtkirchen in der Spätgotik des 15. Jh.s beliebten Hallenkirche hat man hier also, wie damals häufig in Franken, die konservative basilikale Form bewahrt. Am **Außenbau** sind vor allem die mächtigen, blockhaften Türme mit Maßwerkdekor sowie die kräftigen Strebepfeiler des Langhauses und der Chor bemerkenswert, dessen Baudekor und Bauplastik (sieben Figuren, heute im Inneren an den Mittelschiffspfeilern angebracht) vom Stil der berühmten Baumeisterfamilie der Parler beeinflusst ist. Den basilikalen, dreischiffigen **Innenraum** charakterisieren schlichte gotische Formen – weiß getünchte Wände kontrastieren mit den ziegelroten Architekturelementen: den spitzbogigen Mittelschiffsarkaden mit schlichten Achteckpfeilern, die – typisch spätgotisch – ohne Kapitell in die Spitzbogen übergehen, die wie aus der Mauer herausgeschnitten wirken (Dienste erst 1611 vorgeblendet), ferner den spitzbogigen Maßwerkfenstern, die im Chor besonders schmal ausfallen und die Wand ›aufzulösen‹ scheinen. Zu den sehenswerten, noch erhaltenen **Ausstattungsstücken** gehören: der von Marie, der Gemahlin von Markgraf Christian, gestiftete Hochaltar (Hans Werner, 1615), dessen dreiteilige, reich mit Schnitzwerk dekorierte Rahmenarchitektur an gotische Flügelaltäre erinnert (die ursprünglichen Gemälde wurden in den 1820er Jahren durch Werke von August Riedel ersetzt); der neugotische Taufstein mit Alabasterreliefs von Hans Werner von 1615; das **Küffner'sche Epitaph** von 1615, ein Triptychon mit einem älteren Mittelrelief mit der *Anbetung der Heiligen Drei Könige*, vielleicht von Adam Wagner aus Kulmbach von etwa 1520, und gemalten Seitenflügeln von Heinrich Bollandt mit den Stiftern, dem Bürgermeister Conrad Küffner und seiner Gemahlin (Besonderheiten sind die älteste Stadtansicht von Bayreuth auf der Predella und der Lebensbericht des Stifters auf den Außenseiten der Seitenflügel – über dem Mittelschrein wird der Betrachter aufgefordert, die Seitenflügel zusammenzuklappen, damit er den Bericht lesen kann!). Unter dem Chor befindet sich die **Gruft** mit 25 zum Teil prunkvollen Metallsärgen der Markgrafen, ihrer Gemahlinnen und Kinder – eine eindeutige Vereinnahmung der bürgerlichen Stadtkirche durch die fürstlichen Landesherren.

Historisches Museum: In der alten **Lateinschule**, einem stattlichen Sandsteinbau mit Satteldach und Zwerchhaus von 1626–28, wird die Geschichte Bayreuths vom Mittelalter bis ins 20. Jh. gezeigt, mit Schwerpunkt auf der Kunst- und Kulturgeschichte der Markgrafenzeit des 17. und 18. Jh.s.

Spitalkirche: Da die mittelalterliche, in der Renaissance umgestaltete Kirche des Bürgerspitals aus dem 14. Jh. zu klein geworden war, errichtete 1748–50 der Bayreuther Hofarchitekt Joseph Saint-Pierre einen neuen Bau. Er ist ein Beispiel für die sog. Markgrafenkirchen, ein im Bayreuther Gebiet verbreiteter Typ des protestantischen Kirchenbaus. Ungewöhnlich für eine Markgrafenkirche ist allerdings die **Fassade**, die nicht wie üblich schlicht gehalten ist, sondern zum Markt hin eine aufwendige Schaufront mit Pilastergliederung, Dreiecksgiebel, zweistufigem Turmaufbau und bauplastischem, ehemals vergoldetem Schmuck von Johann Gabriel Räntz bildet. Für die protestantischen Markgrafenkirchen charakteristisch ist hingegen das Innere, im Unterschied zu katholischen Kirchen kein geweihter Ort, sondern der Versammlungsort der Gemeinde: ein saalartiger Einheitsraum, ein Predigtsaal ohne abgetrennten Chor für den Priester, mit umlaufenden Emporen und Kanzelaltar, dem liturgischen Zentrum des Raumes, bei dem Altar und Kanzel sowie darüber die Orgel zu einer architektonischen Einheit verschmelzen, hier mit vier korinthischen Säulen, den Figuren von Petrus und Paulus und barock geschwungenem Gebälk (um 1750 von Johann Gabriel Räntz); damit soll zum Ausdruck gebracht werden, dass die Predigt von der Kanzel gleichberechtigt neben das Abendmahl am Altar getreten ist. Stilistisch entspricht dieser Innenraum der zurückhaltenden Richtung des protestantischen Barocks ohne überschwängliche Dekoration – in bewusstem Gegensatz zum katholischen Barock italienischer Prägung. Die Decke schmückt das Gemälde *Vision des Propheten Jesaja* des Dresdner Malers Johann Benjamin Müller, eingefasst von zartem, sparsam verteiltem Rokokostuck des Bayreuther Hofstuckateurs Rudolf Albini (um 1750). Die 30 Bilder an der Empore mit Szenen aus dem Leben Christi nach Holzschnitten von Albrecht Dürer wurden aus der Vorgängerkirche übernommen (um 1630). Die Kirche bildet mit dem angrenzenden Bürgerspital einen geschlossenen Komplex.

Friedrichstraße: Die planmäßig angelegte Prachtstraße außerhalb der damaligen Stadtmauern geht auf eine Initiative von Markgraf Georg Friedrich Carl im Rahmen der barocken Stadterweiterung ab 1730 zurück, wurde im Wesentlichen aber unter seinem Nachfolger Friedrich bis in die 1760er Jahre verwirklicht. Der schnurgerade Straßenzug steht noch heute in starkem Kontrast zum mittelalterlichen Stadtkern mit kleinteiliger Parzellierung und gekrümmten Straßen. Für die Barockzeit war eine solche städtebauliche Maßnahme aber typisch – man bevorzugte ein einheitliches, ›von oben‹ gesteuertes Stadtbild, das als Ausdruck der Macht des regierenden Herrschers verstanden wurde. Die Gerade verband das damalige Stadttor mit dem Jagdschloss Thiergarten, unterbrochen vom

Die Friedrichstraße in Bayreuth

Paradeplatz, heute Jean-Paul-Platz. Die Bebauung, vorwiegend mit Wohnhäusern, wurde durch Bereitstellung von kostenlosem Baumaterial und Steuererleichterungen gefördert, allerdings mussten die Vorgaben der markgräflichen Verwaltung respektiert werden: zweigeschossige Fassade aus Sandstein in einheitlicher Traufhöhe mit Mansard- oder Walmdach. Stilistisch sind die sparsam dekorierten Palais und Reihenhäuser dem strengen, klassizistisch geprägten französischen Barock verpflichtet. Die Bauherren waren vorwiegend Hofbedienstete, von Handwerkern und Musikern bis zu adeligen Beamten und Ministern. Zu den wichtigsten Bauten gehören: das **Liebhardt'sche Palais** (Nr. 2), 1754 von Joseph Saint-Pierre und Carl von Gontard errichtet, und das **Meyern'sche Palais** (Nr. 16), 1750 ebenfalls von Saint-Pierre erbaut – sie vertreten den Bayreuther Typ des Adelspalais mit einem Hauptgebäude, das von Toreinfahrten oder Nebenbauten flankiert wird; ferner der **Ellrodt'sche Gartenportikus** (Nr. 7) von 1743/44 und das **Palais Künsberg** (Nr. 18) von 1752, 1760 durch Gontard umgebaut. Den **Jean-Paul-Platz** dominieren: die **Postei** mit großer Pilasterordnung (Nr. 15) von 1738, ab 1742 für ganz kurze Zeit Sitz der von Markgraf Friedrich gegründeten Universität, die 1743 nach Erlangen verlegt wurde; ferner das **Waisenhaus** (Nr. 14), ein stattlicher Bau mit zwei Risaliten, der als einer der ersten in der Straße 1732 von Johann David Räntz errichtet wurde, sowie die schlichte **Reithalle**, ehemals Teil des 1748 von Saint-Pierre angelegten Marstalls (zerstört) und 1936 im Rahmen des Umbaus zur Festhalle um eine Vorhalle erweitert, 1966 nach Kriegszerstörung als Stadthalle wieder aufgebaut; 2017–22 erfolgt der Umbau zum **Kulturzentrum »Friedrichsforum«**. Auf dem Platz steht das Jean-Paul-Denkmal von Ludwig Schwanthaler (1841), des im 19. Jh. führenden Münchner Bildhauers.

Auch die **Ludwigstraße** vor dem Neuen Schloss war Teil der barocken Stadterweiterung ab 1730. Aus der schlichten Bebauung mit Reihenhäusern stechen das **Ellrodt'sche Palais** (Nr. 26) und das **Lutherhaus** (Nr. 29) sowie die **Hofapotheke** (Ecke Richard-Wagner-Straße) hervor, die zwischen 1756 und 1762 vom Hofarchitekten Carl von Gontard mit repräsentativer Fassade mit Pilastergliederung und Dreiecksgiebel erbaut wurden. Ein wenig aus dem Rahmen fällt das mächtige Gebäude der **Regierung von Oberfranken** (Nr. 20), 1903/04 in Jugendstilformen als Pendant zum Neuen Schloss erbaut (Erweiterungen 1905–07 und 1949).

Der **Markgrafenbrunnen**, den der Bildhauer Elias Räntz 1699–1705 schuf, gehört zwar nicht zu den künstlerisch herausragenden Skulpturen der Barockzeit, ist aber als politisches Denkmal von großem Interesse. Im Zentrum des Brunnens erhebt sich ein Reiterdenkmal des Markgrafen Christian Ernst.

Ursprünglich im Ehrenhof des Alten Schlosses aufgestellt, wurde die Brunnenanlage 1748 an die heutige Stelle versetzt, wirkt aber zu klein für den großen Platz, an dem wenige Jahre später das Neue Schloss entstand. Öffentlich aufgestellte Reiterstandbilder spielten für die Herrscher der Barockzeit eine wichtige Rolle als Zeichen fürstlicher Macht. Das Bayreuther Denkmal verherrlicht Christian Ernst als Befehlshaber des fränkischen Reichskreises und als Generalfeldmarschall der kaiserlichen Armee – 1683 nahm er siegreich an der Schlacht zur Befreiung Wiens von den Türken teil. Hoch erhoben auf einem mit Kriegstrophäen geschmückten Postament reitet er in Rüstung über einen Türken hinweg, auf der anderen Seite hält sein Hofzwerg eine Inschrift, die seine Frömmigkeit preist. Die Figurengruppen zu Füßen des Markgrafen verkörpern, so die umlaufende Inschrift, vier Flüsse im markgräflichen Herrschaftsgebiet, stehen aber auch für die vier Himmelsrichtungen und symbolisieren somit die vier damals bekannten Kontinente (nach Versetzen des Denkmals vor das Neue Schloss stimmt die Ausrichtung nach Himmelsrichtungen allerdings nicht mehr) – insgesamt führt Christian Ernst hier also einen Machtanspruch vor Augen, der deutlich über das kleine Markgrafentum hinausging. Da das Denkmal mit dem Pferd in der Levade nicht aus stabiler Bronze gegossen, sondern aus preiswerterem, aber weniger tragfähigem Sandstein gemeißelt ist, musste der Bildhauer zahlreiche Stützen einfügen, die den ästhetischen Eindruck beeinträchtigen, etwa unter dem Bauch des Pferdes.

Das **Neue Schloss** wirkt von außen relativ schlicht, besitzt aber eine außergewöhnliche Innenausstattung, einzigartige Zeugnisse der höfischen Raumkunst im Stil des Bayreuther Rokoko um die Mitte des 18. Jh.s. Nach dem Brand des Alten Schlosses im Januar 1753 bot sich dem Markgrafenpaar Friedrich und Wilhelmine endlich die Möglichkeit, diesen ungeliebten Regierungs- und Wohnsitz, der weder den gestiegenen Repräsentationsbedürfnissen einer absolutistischen Hofhaltung noch den Ansprüchen zeitgemäßen Wohnkomforts entsprach, durch eine moderne Residenz nach eigenen Vorstellungen zu ersetzen. Seit 1744 waren an dieser Stelle ein symmetrischer Platz mit mehreren Palais und einer Kirche errichtet worden, die nun aus Kostengründen umgebaut und in den Neubau des Schlosses integriert werden mussten – daher die Unregelmäßigkeiten im Grundriss. Die zwar strenge, aber regelmäßige stadtseitige Front ist durch einen säulengeschmückten Mittelrisalit plastisch akzentuiert. Bei genauerem Hinsehen ist zu erkennen, wie viel alte Bausubstanz hier miteinbezogen wurde. Für den Entwurf dieses 1753–58 erbauten Haupttrakts des Neuen Schlosses zeichnete der Bayreuther Hofarchitekt Joseph Saint-Pierre verantwortlich. Aber auch Markgräfin Wilhelmine nahm großen Einfluss auf die Gestalt des Baus, insbesondere auf die Raumdisposition und die Innenausstattung. Nach dem Tod der Markgräfin 1759 ließ Markgraf Friedrich für seine zweite Gemahlin, Sophie Caroline von Braunschweig-Wolfenbüttel, 1759 im Süden vom Architekten Carl von Gontard das eigenständige Italienische Schlösschen anfügen; es zeigt bereits Anklänge an den Klassizismus. 1764 wurde es durch den Badetrakt, ebenfalls von Gontard, mit dem Hauptbau verbunden.

Das **Innere** des Neuen Schlosses zeigt eine für deutsche Residenzschlösser des 18. Jh.s charakteristische Raumaufteilung: Der Eingang im Mittelbau führt über ein doppeltes, allerdings nach den Maßstäben der damaligen Zeit eher bescheidenes Treppenhaus zu beiden Seiten der Durchfahrt in das Obergeschoss mit den Hauptrepräsentations- und Wohnräumen. Auf den **Gardereitersaal** (Raum Nr. 1) für die Leibwache des Markgrafenpaares folgt der große **Festsaal** (2), dessen klassizistisch anmutende Pilasterordnung an den Berliner Barock,

Grundriss des Bayreuther Neuen Schlosses

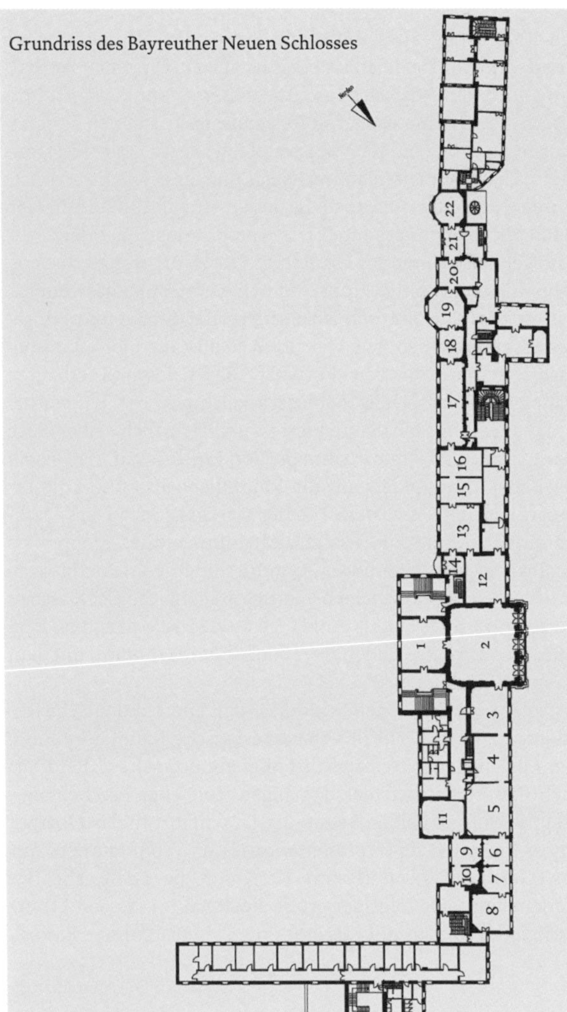

etwa im Weißen Saal in Schloss Charlottenburg, erinnert. An der Decke fällt der feine vergoldete Rokokostuck auf blauem Grund von Adam Rudolf Albini auf. Links und rechts dieses Festsaals gehen jeweils die Appartements des Markgrafen und der Markgräfin ab (3–11 und 12–20). Den Auftakt bilden auf beiden Seiten wie damals üblich die Folgen der offiziellen Empfangsräume für das Staatszeremoniell, deren Originalausstattung sich jedoch nicht erhalten hat (3–5 und 12–16). Zu den herausragenden Sehenswürdigkeiten Bayreuths gehören hingegen die im **Nordflügel** anschließenden **Privaträume Wilhelmines** (6–11), deren Anordnung und Ausstattung nach ihren eigenen Vorschlägen sich fast unverändert erhalten haben – intime, kleine Räume, in die sie sich frei von höfischer Etikette zurückziehen konnte: das **Spiegelscherbenkabinett** von 1755 (6), dessen Decke (Wände nicht erhalten) wie in der Eremitage mit unregelmäßigen Spiegelscherben und Rokokostuckaturen mit chinesischen Motiven dekoriert ist (darunter die Darstellung Wilhelmines als fernöstliche weise Dame) – ein Meisterwerk des Bayreuther Hofstuckateurs Jean Baptiste Pedrozzi; es wird ergänzt durch die beiden bedeutenden Pastellgemälde von Jean-Étienne Liotard (1745) mit den Porträts der Markgräfin und ihrer Tochter; der **Salon mit Golddecke** (7) mit zarten Rokokostuckaturen sowie bizarr geformten, farbigen Muscheln und Korallen auf Goldgrund, die an eine Grotte erinnern sollen; das **Japanische Zimmer** (8), ehemals Wilhelmines Schlafzimmer, ausgestattet nach Art der am Bayreuther Hof beliebten laubenartigen Gartenzimmer, die einen Aufenthalt im Freien suggerieren, hier durch Pedrozzis Stuckaturen in Form von zarten goldenen Spalieren, um die sich exotische Pflanzen mit Vögeln ranken – die auch an der Decke sparsam verteilten Stuckaturen mit naturalistisch wiedergegebenen Blütenranken, die viel Fläche freilassen, sind charakteristisch für das Bayreuther Rokoko, in dem die sonst üblichen Rocailleformen eine geringe Rolle spielen; das **Alte Musikzimmer** (11), wie die Spiegelscherben- und Gartenzimmer ein am Bayreuther Hof beliebter Raumtyp für die musikalisch hochbegabte Wilhelmine – mit den charakteristischen, von zarten vergoldeten Stuckrahmen eingefassten Porträts an den Wänden (gegen jede höfische Konvention allerdings nicht etwa von fürstlichen Verwandten, sondern von Musikern, Sängern, Tänzern und Schauspielern des Hofs), ferner mit dem Deckengemälde *Orpheus spielt vor den Tieren* von Wilhelm Ernst Wunder. Von den **Räumen des Markgrafen** im **Südflügel** (12–20) sind hervorzuheben: das **Pagodenkabinett** (14), ein weiteres Gartenzimmer mit umrankten Spalieren, außerdem mit besonderem Parkettboden mit eingelegten Blüten des Hofschreiners Johann Spindler; das **Palmenzimmer** (17), wohl das originellste Raumkunstwerk des Bayreuther Rokoko – ein galerieartiger Raum mit stark gemaserter Nussholzvertäfelung, auf die geschnitzte Palmbäume mit vergoldeten Wedeln gesetzt sind: ein Dekorationsmotiv, das als Symbol für das Leben auf die ewige Macht des Markgrafen anspielt und zudem, so vermutet man, mit der Funktion als Versammlungsraum der Freimaurerloge zu tun hat, die Markgraf Friedrich 1741 in Bayreuth gegründet hatte, denn für den Salomonischen Tempel, der als Symbol der Weisheit und der Humanität für die Freimaurer eine große Rolle spielte, wird im Alten Testament eine Palmendekoration beschrieben; das **Spalierzimmer** (18), das mit den perspektivisch verkürzten Spalieren, umrankt von Pflanzen, wieder den Eindruck vermittelt, man befinde sich in einer Gartenlaube, hier mit Ausblicken auf chinesische Landschaften auf bemalten Papiertapeten – eine Dekoration ganz ohne Rocaillestuckaturen, nur mit naturalistischen Blütenranken, wie sie typisch sind für die Spätform des Bayreuther Rokoko von 1757.

Das Neue Schloss beherbergt mehrere **Museen**: Im Erdgeschoss des Nordflügels **»Bayreuther Fayencen – Sammlung Rummel«** mit hervorragenden Werken der 1716 gegründeten Bayreuther Manufaktur, darunter Beispiele der typischen Bayreuther »Braunen Ware« mit brauner Glasur und silberner oder goldener Bemalung; im Hauptgeschoss die Dauerausstellung **»Galante Miniaturen – Sammlung Löer«**, ein weltweit einzigartiger Bestand von kleinformatigen erotischen Darstellungen (vorwiegend französische Gemälde des 18. Jh.s); im Erdgeschoss des Südflügels die Dokumentation **»Das Bayreuth der Markgräfin Wilhelmine«** und eine weitere zum Werk des Theaterarchitekten Galli Bibiena. Es schließt sich die **Fürstliche Gartenwohnung** an, mit dem ersten und zweiten Grottenzimmer mit der für die Spätphase des Bayreuther Rokoko typischen Dekoration aus zarten Blütenranken, ferner der Grotte mit der Verkleidung aus rohen Naturmaterialien wie Muscheln und Bergkristall; anschließend gelangt man in die ehemalige Gemäldegalerie des Markgrafenpaares, heute **Zweigmuseum der Bayerischen Staatsgemäldesammlungen** mit niederländischen und deutschen Gemälden des späten 17. und 18. Jh.s. Auf den **Badetrakt**, erneut mit einem Spalierzimmer, folgt das **Italienische Schlösschen** mit 1760–62 ausgeführten spätbarocken Innenraumdekorationen in unterschiedlichen Farbfassungen, darunter das berühmte Blumenzimmer: Hier befindet sich auch das **Archäologische Museum des Historischen Vereins für Oberfranken** mit Exponaten aus der Region von der Altsteinzeit bis zum Mittelalter.

Hofgarten: Der schon seit dem 16. Jh. an dieser Stelle bestehende Nutzgarten der Markgrafen wurde im Zusammenhang mit dem Bau des Neuen Schlosses ab 1753 in einen regelmäßigen Barockgarten verwandelt: mit einer langen Mittelachse in Form eines Kanals mit Inseln sowie mit Alleen und geometrisch angelegten Parterres und Heckenquartieren. Allerdings richtet sich die Hauptachse nicht wie bei vergleichbaren

Schlossparks üblich auf das Zentrum das Schlosses aus, sondern ist seitlich nach Süden auf den Trakt des Markgrafen verschoben. Der Neptunbrunnen für den Kanal, den die Markgräfin 1763/64 nach dem Vorbild einer Figurengruppe in Potsdam in Auftrag gab, blieb unvollendet. Einige der Figuren wurden später an verschiedenen Stellen in den Hofgarten eingefügt, darunter der Brunnen mit Neptuns Gattin Amphitrite im ersten Becken des Parterres beim Schloss. Trotz der teilweisen Umwandlung in einen englischen, ›natürlichen‹ Landschaftsgarten nach 1789 hat sich bis heute die Grundstruktur des Barockgartens bewahrt, ergänzt durch die Rekonstruktion des Parterres vor dem Schloss 1990. Aus dem späten 18. Jh. stammt auch der Monopteros, ein kleiner Rundtempel zu Ehren der preußischen Königin Luise.

Haus Wahnfried: Dank der großzügigen finanziellen Unterstützung des bayerischen Königs Ludwig II. (vor dem Eingang steht seine kolossale Büste von Kaspar von Zumbusch) konnte sich der Komponist Richard Wagner 1872–74 von den Architekten Carl Wölfel und Wilhelm Neumann am Rand des Hofgartens einen privaten Wohnsitz im Stil italienischer Renaissancevillen erbauen lassen. Vier Jahre nach dem Tod des Komponisten 1883 ließ sich sein Sohn Siegfried das östliche Nebengebäude zum Wohnhaus ausbauen. 1932 erweiterte der Architekt Hans Reissinger es um einen modernen Flachbau. Während der Festspiele 1936–38 logierte Adolf Hitler, der Wagners Opern verehrte, im Siegfried-Wagner-Haus und lud hier zu »Künstlerempfängen« ein. Nach der schweren Kriegszerstörung 1945 wurde das Haus Wahnfried zunächst provisorisch und 1972–76 in ursprünglicher Form wiederhergestellt; bis 1973 bewohnten es die Nachfahren Wagners. Seit 1976 befindet sich darin das **Richard-Wagner-Museum** mit Originalschriftstücken und -bildern zum Leben und Schaffen des Komponisten. In den Repräsentationsräumen im Erdgeschoss

(Eingangshalle, Großer Saal und Salon) gewinnt man noch einen Eindruck von der Lebenswelt Wagners. Die Ausstellung im Siegfried-Wagner-Haus widmet sich der politischen Instrumentalisierung Wagners während des NS-Regimes und den Beziehungen der Familie Wagner zu Adolf Hitler. 2012–15 wurde ein moderner gläserner Anbau des renommierten Berliner Architekturbüros Volker Staab hinzugefügt, der viel Kritik provozierte. In ihm wird die Aufführungsgeschichte der Bayreuther Festspiele thematisiert. Im Garten befindet sich das Grab Wagners, ein schlichter bewachsener Hügel mit Grabplatte.

Deutsches Freimaurermuseum: Das einzige Museum seiner Art in Deutschland im 1889 erbauten Haus der Bayreuther Loge »Eleusis zur Verschwiegenheit« dokumentiert die Geschichte und die Ziele des Freimaurerwesens. Ziel ist, dem Klischee eines Geheimbundes entgegenzuwirken.

◆ **Festspielhaus:** Auf dem berühmten Grünen Hügel finden seit 1876 die von Richard Wagner ins Leben gerufenen Bayreuther Festspiele (auch: Richard-Wagner-Festspiele) statt. Der Leipziger Architekt Otto Brückwald errichtete den Bau 1872–75 nach Ideen des Komponisten: Hier sollten ausschließlich dessen neuartige Opern aufgeführt werden. Wagner hatte sich erst für Bayreuth entschieden, nachdem das 1864–67 im Auftrag des bayerischen Königs Ludwig II. in München geplante Theaterprojekt Gottfried Sempers gescheitert war: Die kleine Provinzstadt, die keinerlei Ablenkungen bot, schien ihm ein idealer Ort für die Festspiele zu sein; Bayreuth wurde gleichsam das Ziel einer musikalischen ›Pilgerreise‹ – eine Idee, die den ›Mythos Bayreuth‹ bis heute am Leben hält. Die schmucklose Architektur setzt sich von den damals üblichen Theaterbauten deutlich ab: ein einfacher Ziegelbau in Holzfachwerk (mittlerweile durch Betonelemente ersetzt), aufgeteilt in Zuschauerhaus und hohes Bühnenhaus. Im Inneren fehlt ein prunkvolles Foyer. Neu war vor allem die Gestaltung des Zuschauerraums: ohne seitliche Logen und stattdessen mit Sitzreihen, die wie beim antiken Amphitheater ansteigen – somit war von allen Plätzen eine gute Sicht auf die Bühne gewährleistet. Ferner gab es ein doppeltes Proszenium, das die Bühne weiter entfernt erscheinen lässt, als sie tatsächlich ist, sowie schließlich einen Orchestergraben, der durch einen Schalldeckel für das Publikum unsichtbar ist – der berühmte »mythische Abgrund«, der zusammen mit der Holzbauweise des gesamten Zuschauerraums (Sitze ohne Polster!) die ausgezeichnete, geradezu legendäre Akustik ermöglicht.

Das Bayreuther Festspielhaus um 1895

Die **Vorstadt St. Georgen** gründete der Erbprinz und spätere Markgraf Georg Wilhelm 1702 am einstigen Brandenburger Weiher als regelmäßige barocke Planstadt mit parallel verlaufenden Straßenzügen und 24 einheitlichen Typenhäusern sowie Ordensschloss und -kirche, Kaserne, Theater, Gefängnis, zwei Manufakturen und dem Prinzessinnenhaus für seine Tochter. Die Anlage blieb nach dem Tod des Markgrafen 1726 unvollendet. Sie war eng mit der Gründung des prestigeträchtigen markgräflichen Haus- und Hofordens »Ordre de la Sincérité« verbunden: Georg Wilhelm hat den weltlichen, höfischen Ritterorden – wie er auch an anderen absolutistischen Höfen verbreitet war – 1705 als Gemeinschaft für eine begrenzte Anzahl ausgewählter adeliger Gefolgsleute gegründet. Besonders sehenswert ist die gut erhaltene **Ordenskirche St. Georgen** (heute **Sophienkirche zur Heiligen Dreifaltigkeit**), 1705–11 nach Entwürfen von Gottfried von Gedeler aus Berlin erbaut. Nach dem schlichten Außenbau mit imposantem Glockenturm überrascht das Innere auf leicht kreuzförmigem Grundriss – eine Variante der Bayreuther Markgrafenkirchen: Die zweigeschossigen Emporen für die hierarchisch gestaffelte Platzierung der Hofgesellschaft, der säulengeschmückte Kanzelaltar und gegenüber die Markgrafenloge für den Fürsten sind charakteristische Elemente protestantischer Hofkirchen, aber die Ausstattung ist ungewöhnlich prächtig und inhaltlich dezidiert lutherisch geprägt. Das Deckengewölbe zeigt die schweren Stuckaturen mit nur kleinen Bildfeldern, wie sie für die Anfangszeit des fränkischen Barock typisch waren (Stuck: 1709/10; von Bernardo Quadri, dem damals in Bayreuth bestimmenden Stuckateur; Gemälde: 1710/11; von Gabriel Schreyer und Johann Martin Wild; mit *Leben Jesu* sowie Szenen des Alten Testaments). Eine Besonderheit sind die 85 Wappentafeln der Ordensritter an den Emporen. Weitere sehenswerte Gebäude sind: das **Gravenreuther Stift** an der historischen Hauptstraße (1741–44; Architekten Johann Friedrich Grael, Johann Georg Weiß), ein vom fränkischen Adeligen Georg Christoph von Gravenreuth gestiftetes Armen- und Altenspital mit der integrierten **Stiftskirche St. Georgen**, einem weiteren Beispiel für die Bayreuther Markgrafenkirchen (mit zweigeschossigen Emporen, hier durch Säulen abgestützt, und aufwendigem Kanzelaltar); und das **Ordensschloss** (1725–27; Architekt Johann David Räntz), der repräsentative Versammlungsort der Mitglieder des Hausordens an Festtagen (heute Justizvollzugsanstalt, daher ist das Innere nicht zu besichtigen). Hinter dem Schloss ließ Markgraf Georg Wilhelm einen künstlichen See anlegen, den Brandenburger Weiher, und auf ihm Seeschlachten mit eigens gebauten Schiffen veranstalten. 1775 wurde der See zugeschüttet, und später entstand auf der Fläche das Bayreuther Industriegebiet.

Die Ordenskirche St. Georgen in Bayreuth

Eremitage: Zwei Schlösser und mehrere Nebengebäude erheben sich in einer barocken Parkanlage, die sich vor den Toren der Stadt auf den weitläufigen bewaldeten Abhängen über dem Roten Main erstreckt. Im 17. und 18. Jh. besaßen regierende Fürsten neben der offiziellen Stadtresidenz auch Landschlösser, wo sie sich befreit vom Zwang strenger höfischer Etikette aufhalten konnten. Die Bayreuther Eremitage – neben dem Markgräflichen Theater das kunsthistorisch bedeutendste Zeugnis der höfischen Kultur Bayreuths des 18. Jh.s – entstand im Wesentlichen in zwei Phasen: 1715–26 ließ Markgraf Georg Wilhelm im ehemaligen Tiergarten seines Vaters das Alte Schloss als Eremitenklause erbauen und mit einem Park umgeben, über den sich einzelne Eremitenhäuschen verteilten – daher der Name. 1736–53 baute Markgräfin Wilhelmine die Einsiedelei nach ihren Vorstellungen zu einer repräsentativen

Sommerresidenz aus und bereicherte den neugestalteten Park mit weiteren kleinen Baulichkeiten. An diesem ländlichen Rückzugsort verwirklichte sie im Kreis ausgewählter Freunde ihre Utopie vom einfachen, ländlichen Leben und vom Musenhof als einem Ort des Friedens und der Freundschaft: ein einzigartiges Zeugnis der philosophischen Überzeugungen der Markgräfin. Mit diesen Maßnahmen ging zwar die ursprüngliche Funktion als Eremitenklause verloren, der alte Name aber blieb erhalten. Eremitagen fügte man in der Barockzeit gerne nachträglich in die Parks von großen Schlössern ein. Das Besondere in Bayreuth ist, dass sich umgekehrt die Schlossanlage aus einer Eremitenklause entwickelt hat.

Altes Schloss der Eremitage: Den Ursprung der weiträumigen Schloss- und Gartenanlage bildet die 1715–18 vom Hofkünstler Johann David Räntz geschaffene, bescheidene Anlage der Einsiedelei (später Altes Schloss genannt). In dieser Vierflügelanlage um einen klosterähnlichen Innenhof versammelte Markgraf Georg Wilhelm die Mitglieder beiderlei Geschlechts seines 1705 gestifteten fürstlichen Hausordens »Ordre de la Sincérité« (»Orden der Aufrichtigkeit«) zur gemeinsamen Einkehr. Gekleidet in Mönchskutten, ahmte man in spielerischer Form zur geistigen Läuterung das einfache Leben und die Regeln eines Eremitenordens nach. Schon der Zugang durch den Torbau »Parnass«, der wie die Eingangsfassade des Schlosses nach Art einer natürlichen Felswand ganz aus grob behauenen Tuffsteinen besteht, ist ungewöhnlich. Man betritt das Gebäude nicht über eine prachtvolle Treppenanlage, wie sie in Barockschlössern üblich war, sondern durch eine Öffnung in dieser Felswand und steigt durch einen dunklen Gang hinab, um in den **Grottensaal** (Raum Nr. 16) zu gelangen. Dieser achteckige Zentralraum mit Laternenaufsatz ist ganz mit Glasschlacken und Fabelwesen aus Muscheln ausgekleidet. Aus fast 200 im Boden verborgenen Düsen und einer

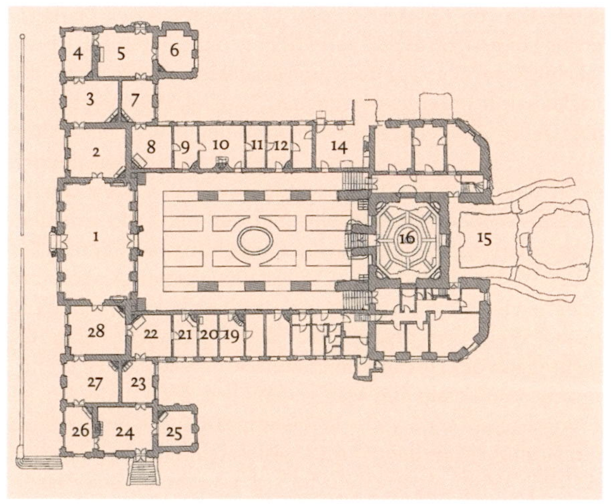

Grundriss des Alten Schlosses der Bayreuther Eremitage

Fontäne im Zentrum ließ der Markgraf seine Gäste mit Wasser bespritzen, um die Illusion einer natürlichen Grotte zu unterstreichen (die Wasserspiele sind noch immer in Funktion). Der Innenhof mit den Seitenflügeln für die einfachen Eremitenzellen (9–12, 19–21) ist wieder mit grob behauenen Felsblöcken verkleidet – bis auf den Festsaaltrakt auf der Nordseite, dessen fein ausgearbeitetes Mauerwerk und prunkvolles Barockportal einen scharfen Kontrast zur übrigen naturhaft aussehenden Hofarchitektur bilden. Im dortigen prachtvoll ausgestatteten **Marmorsaal** (1) trafen sich die Eremiten beiderlei Geschlechts zum Speisen und zu anderen höfischen Vergnügungen. In die mit Ordenssternen stuckierte Decke ist ein Deckenfresko von Gabriel Schreyer eingefügt, das den Markgrafen als Sonnengott Apoll verherrlicht – eine in der Barockzeit beliebte Form der Vergöttlichung des regierenden Fürsten (das Fresko wurde unterdessen erneuert). Vielleicht verband Markgraf Georg Wilhelm insgesamt mit der Anlage des Alten Schlosses sogar eine bestimmte symbolische Aussage, die sich an die eremitischen Ordensmitglieder richtete: Vom Dunkel der Unwissenheit (Eingangslösung) und einem naturhaften, unkultivierten Leben (Felsarchitektur) gelangt man durch Läuterung in der Einsiedelei zu Weisheit, Tugendhaftigkeit und einem zivilisierten Leben (Marmorsaal) – all dies natürlich in idealer Weise verkörpert durch den Markgrafen. Heute erreicht man vom Hof allerdings zunächst die einfachen Eremitenzellen und dann den Markgrafenflügel, der Teil der Erweiterungsbauten Markgräfin Wilhelmines ist: Sie ließ 1736–44 den Nordtrakt mit dem Marmorsaal durch seitliche Anbauten für je ein Wohnappartement für sich und ihren Gatten zu einem pavillonartigen Komplex ausbauen. Die älteren Teile der Eremitenklause blieben zwar weitgehend unangetastet, aber mit der Verlegung des Eingangs vom Grottentrakt auf die Nordseite kam zum Ausdruck, dass die Funktion als Einsiedelei zugunsten eines bewohnbaren Sommerschlosses zurückgedrängt worden war. Im **Markgrafenflügel** haben sich im **Vorzimmer** (28) und im **Audienzzimmer** (27) die Deckengemälde der Hofmaler Rudolf Heinrich Richter und Wilhelm Ernst Wunder erhalten, die, eingefasst von dynamisch geschwungenen Stuckrahmungen, seltene Szenen aus dem Leben berühmter historischer Persönlichkeiten der Antike zeigen, wie *Alexander der Große wird von Leonidas gerügt* und *Der Perserkönig Artaxerxes empfängt den athenischen Staatsmann Themistokles* – eine Verherrlichung von Markgraf Friedrich als heldenhaftem Feldherrn und tugendhaftem, weisem und mildem Herrscher. Auf der anderen Seite des Marmorsaals liegen die

Räume des **Markgräfinnenflügels**. Die sehr gut erhaltene Ausstattung geht auf Wilhelmines eigene Ideen zurück und enthält viele direkte Anspielungen auf ihr Leben und ihre weltanschaulichen Überzeugungen. Das von Goldstuckaturen auf blauem Grund eingefasste Deckenbild von Wunder im **Vorzimmer** (2; um 1740) – römische Frauen bewirken beim Einfall der Gallier in Rom durch die Auslieferung ihres Schmucks den Abzug des Feindes – ist als Sinnbild von Wilhelmines Tugendhaftigkeit und Opferbereitschaft zum Wohl des Staats zu deuten. In diesem Sinn ist auch das Deckenbild des Bologneser Malers Stefano Torelli von 1740 im **Audienzzimmer** (3) zu sehen, das weitaus qualitätvollste Gemälde im gesamten Schloss: Cheilonis folgt ihrem Gatten Kleombrotos, der sich mit ihrem Vater, dem spartanischen König Leonidas, überworfen hatte, ins Exil – ganz so wie Wilhelmine gemäß dem Wunsch ihres Vaters den Bayreuther Markgrafen Friedrich geheiratet hat und damit nach ihrem Verständnis zum Wohl des Staates ins ›Exil‹ gegangen ist. Die Ausstattung in den anschließenden kleinen Privatzimmern enthält auffallend viele Chinoiserien, die jenseits der im 18. Jh. an europäischen Fürstenhöfen verbreiteten Chinamode auch Wilhelmines Verbundenheit mit der fernöstlichen Philosophie verraten. Das **Japanische Kabinett** (4), ein herausragendes Beispiel seiner Art, ist nach Ideen Wilhelmines mit asiatischen Lacktafeln mit Darstellungen des Lebens an einem chinesischen Fürstenhof verkleidet. Nur zwei der Tafeln sind Originale (innere Längswand; Friedrich der Große hat sie seiner Schwester in Bayreuth geschenkt), die übrigen sind Nachbildungen »von Ihro königl. Hoheit eigene Arbeit«, also offensichtlich von der Markgräfin selbst geschaffen. Das Deckenbild mit einer unter einem Schirm thronenden chinesischen Kaiserin mit Wilhelmines Gesichtszügen spielt unmittelbar auf die Markgräfin an. Das **Musikzimmer** (5) schlägt ein anderes Thema an – die Musik als Verkörperung der göttlichen Harmonie ermöglicht dem Menschen wahre Freundschaft, veranschaulicht durch den erlesenen Deckenstuck mit *Orpheus verzaubert mit seinem Saitenspiel Tiere und Pflanzen* (s. hintere Buchklappe oben) sowie an den Wänden durch die vergoldeten stuckierten Musikinstrumente und die prachtvoll gerahmten Porträts von Freundinnen und Vertrauten der Markgräfin, gemalt von Antoine Pesne, einem bedeutenden Bildnismaler seiner Zeit. Im **Chinesischen Spiegelkabinett** (6), dem intimsten und persönlichsten Raum Wilhelmines (hier hat sie ihre berühmten Memoiren verfasst), sind die Wände mit unregelmäßig geschnittenen, willkürlich verteilten Spiegelfragmenten verkleidet – diese Bayreuther Spezialität (siehe auch im Neuen Schloss in der Stadt), die sich von den in europäischen Schlössern üblichen großen Spiegelflächen deutlich unterscheidet, ist wahrscheinlich weniger psychologisierend im Sinn von »zersprungenen Träumen« oder »verzerrter Wirklichkeit« der Markgräfin zu deuten als vielmehr als Sinnbild für die Natur, deren unregelmäßige Formen einen Gegensatz zur streng geordneten Welt des Hofs bildet, der Wilhelmine sich nur schwer entziehen konnte, es sei denn in ihrem kleinen Spiegelkabinett.

♦ **Neues Schloss der Eremitage**: 1749–53 ließ Wilhelmine von den Architekten Joseph Saint-Pierre und Carl von Gontard in der Nähe des Alten Schlosses eine ungewöhnliche Parkarchitektur anlegen, die zunächst nur als Orangerie für die Überwinterung exotischer Pflanzen diente. Das Zentrum der Anlage bildet der freistehende achteckige Apollotempel, der auf beiden Seiten von halbkreisförmigen Flügelbauten mit vorgelagerten Säulenarkaden flankiert wird. Schon ab 1753 wurden diese Flügelbauten zu Wohntrakten für das Markgrafenpaar ausgebaut. Nach den schweren Kriegszerstörungen 1945 hat man die verlorene Innenausstattung der Wohnappartements nicht wiederhergestellt, den Apollotempel hingegen rekonstruiert. Auf der gegenüberliegenden Seite haben bewachsene Gartenspaliere mit vorgestellten Sandsteinvasen die Anlage ursprünglich zum Oval geschlossen (heute teilweise rekonstruiert) – es war eine nach innen gerichtete, kulissenartige Gartenarchitektur, die ein großes Wasserbecken mit Skulpturen von Meeres- und Fabelwesen (1750–52; Johann Gabriel Räntz und Johann Schnegg) mit Wasserspielen umfasste. Die Anlage verrät zwar den Einfluss von Bühnenbildentwürfen des Theaterarchitekten Francesco Galli Bibiena sowie von anderen Orangeriebauten, einem in deutschen Schlossanlagen des Barock aus klimatischen Gründen verbreiteten Gebäudetyp, ist in ihrer Art aber einmalig. Den Schlüssel zum Verständnis liefert der **Apollotempel**: Mit dem ursprünglich offenen Pavillon mit mächtigen Doppelsäulen und einer Statuengruppe des Gottes auf der Kuppel war der Palast Apolls gemeint, der im Mythos aus Kristall besteht und wie

Neues Schloss der Bayreuther Eremitage

aus reinem Licht gebaut märchenhaft schimmert – daher hier die ungewöhnliche Verkleidung der gesamten Anlage mit bunten Glasflüssen und Bergkristallen. Mit Apoll war natürlich Markgraf Friedrich gemeint, der als brandenburgischer Gott des Lichts wie das mythologische Vorbild über die Tages- und Jahreszeiten herrschte und damit die Geschicke seines Landes lenkte. Das prachtvolle Innere dieses Sonnentempels, wo Apoll auf Reliefs erneut auftaucht, ist vermutlich vom Marmorsaal in Schloss Sanssouci in Potsdam von Wilhelmines Bruder Friedrich dem Großen angeregt (Wilhelmine bezeichnete den dortigen Marmorsaal als »goldenen Saal« und ließ sich von ihm Pläne schicken).

Schlosspark: Gleichzeitig mit dem Bau der Einsiedelei des Alten Schlosses ließ Markgraf Georg Wilhelm ab 1715 einen Park anlegen, der sich von den üblichen, geometrisch angelegten Barockgärten unterschied. Denn hinter dem Schloss erstreckt sich zwar eine lange Kanalachse mit Kaskade, aber links und rechts davon lagen wie zufällig verstreut in der ›Wildnis‹ des Waldes sieben kleine Einsiedeleien, die durch verschlungene Wege miteinander verbunden waren. Heute wird der Eindruck ganz wesentlich durch die Erweiterungen ab 1715 unter Markgräfin Wilhelmine westlich und südlich des Neuen Schlosses und die darin eingefügten Gartenarchitekturen geprägt – jeweils in sich geschlossene, geometrisch geformte Gartenbezirke, die voneinander unabhängig bleiben und keine dominante Mittelachse haben, der sich alle Parkteile unterordnen: auch dies wieder Merkmale, die den Park von den üblichen Barockgärten des 18. Jh.s unterscheiden; vielleicht waren sie durch die hügelige Geländesituation bedingt. Eine Besonderheit stellen außerdem die – vermutlich durch eine Italienreise des Markgrafenpaares angeregten – Gartenarchitekturen in Form künstlicher Ruinen dar, darunter: das **Ruinentheater** (1743–45; Joseph Saint-Pierre), dessen Bogenarchitektur sich wie bei barocken Theaterkulissen stufenweise nach hinten verkleinert und durch das scheinbar Ruinöse an antike Bauten erinnert (laut der eingeritzten Inschrift zu Ehren von Wilhelmines bester Freundin sollte das Theater auch ein Monument der Freundschaft sein); das **Antikische Grabmal** (nach 1755; Carl von Gontard); die **Drachenhöhle**, eine in den Hang gebaute, grottenartige Staffagearchitektur; das **Vogelhaus**, ein achteckiger Pavillon in chinoisen Formen; die **Untere Grotte**, eine 1737–45 in einem tief gelegenen Waldstück geschaffene Brunnenanlage mit ruinenartiger Grottenarchitektur und Skulpturen von Nymphen, Seepferden, Flussgöttern und Putten – ein von antiken Vorbildern inspiriertes Nymphäum, wie es seit der Renaissance in italienischen Villenanlagen beliebt war; das **Eremitenhaus** aus grobem Tuffstein (um 1745; vielleicht von Saint-Pierre), von dem aus Markgraf Friedrich die Wasserspiele der Unteren Grotte beobachten konnte. Nach dem Tod Wilhelmines 1758 wurden Teile des Barockgartens zum Landschaftspark umgestaltet.

Ausgewählte Ziele in der Umgebung von Bayreuth

Siehe Übersichtskarte auf S. 150.

Donndorf, Schloss Fantaisie: Nach einer Italienreise planten Markgraf Friedrich und seine Gemahlin Wilhelmine auf einem Plateau oberhalb einer steilen Felswand 1758 einen neuen Sommersitz im mediterranen Stil. Doch schon kurze Zeit später verstarb das Herrscherpaar, und das Schloss wurde somit erst von ihrer einzigen Tochter Elisabeth Friederike Sophie fertiggestellt, die 1756 nach ihrer gescheiterten Ehe mit dem Herzog von Württemberg nach Bayreuth zurückgekehrt war. Die ursprünglich zweigeschossige Dreiflügelanlage mit Mittelrisalit und Mansarddach zeigt schon Einflüsse des strengen klassizistischen Stils. Höhepunkt der Innenausstattung war das Intarsienkabinett der Gebrüder Spindler von 1762 (heute Kopie; Original im Bayerischen Nationalmuseum, München). Bis auf den Weißen Saal mit reicher Stuckdekoration (Ende 18. Jh.) hat sich von der Innenausstattung vor Ort nichts erhalten. Seit 2000 beherbergt das Schloss das deutschlandweit erste **Gartenkunst-Museum** zur Geschichte des deutschen Gartens, mit Schwerpunkt auf dem 17. und 18. Jh. Im **Schlosspark** in Hanglage sind heute verschiedene Stilphasen der Gartengeschichte vereint, da die Anlage immer wieder umgestaltet und erweitert wurde: der Rokokogarten von Elisabeth Friederike Sophie von etwa 1760, mit Kaskadenanlage mit grottenartigem Mauerwerk und Neptunbrunnen, Labyrinth und dem ehemaligen Komödienhaus von Carl von Gontard; die Erweiterung von 1793–95 im Stil des englischen Landschaftsgartens, mit Felsengrotte, Katakombe und *Säule der Eintracht*; der Pleasureground mit Rasenflächen und Blumenbeeten südlich des

Schlosses; und unter Herzog Alexander II. von Württemberg 1839–81 landschaftlich gestaltete Parkräume.

Himmelkron: Um 1280 gründete Graf Otto III. aus dem thüringisch-fränkischen Geschlecht der Orlamünde, den Vorläufern der Hohenzollern'schen Herrscher in Franken, das vornehme **Zisterzienserinnenkloster** als Grablege für sich und seine Familie – aus Sorge, so die Stiftungsurkunde, um sein Seelenheil und in der Absicht, der Nachwelt im Gedächtnis zu bleiben. In der 1280 bis Mitte des 14. Jh.s erbauten Kirche ließen sich bis zuletzt die Orlamünde bestatten; das Geschlecht starb 1340 aus. Danach fiel das Kloster an die Hohenzollern. Die Nonnen, vor allem die Äbtissinnen, stammten aus bedeutenden fränkischen Adelsfamilien und betätigten sich auch als Bauherrinnen: Die Äbtissin Elisabeth von Künsberg beispielsweise ließ 1473–84 den Kreuzgang anlegen. 1569 wurde das Kloster im Zuge der Reformation aufgelöst und von den Hohenzollern bis ins frühe 18. Jh. zum Jagdschloss umgebaut und erweitert. Aus der Zeit als Zisterzienserkloster haben sich nur die Kirche und der Kreuzgang erhalten. Der Außenbau der Kirche zeigt noch den strengen Charakter einer gotischen Zisterzienserkirche, nur mit einem Dachreiter anstelle großer Glockentürme. Im **Inneren** der Saalkirche begegnet man einem für Nonnenkirchen charakteristischen Element: dem Nonnenchor, auf der Westseite, dem Chor gegenüber, oberhalb einer dreischiffigen gewölbten Halle im spätgotischen Stil, der sog. Ritterkapelle, gelegen. Ursprünglich öffnete sich dieser Nonnenchor nur mit zwei Fenstern zum Kirchenraum – von hier konnten die Ordensschwestern an der Messe teilnehmen, ohne gesehen zu werden (heute **Stiftskirchenmuseum** mit bedeutenden bemalten Steinplatten des späten 16. Jh.s). Ende des 17. bis Anfang des 18. Jh.s erhielt die Kirche ihr heutiges Aussehen. Sie wurde zu einer protestantischen Barockkirche umgestaltet, mit zweigeschossigen Emporen, hier erstmals mit stützenden, bis zum Gewölbe durchlaufenden Säulen, und einem Kanzelaltar sowie mit einem Gewölbe mit schweren Stuckaturen von Bernardo Quadri. Von den bedeutenden mittelalterlichen **Grabmälern**, unter anderem der Grafen von Orlamünde und der Äbtissinnen, sind besonders hervorzuheben die Epitaphien der Grafen Otto IV., VI. und VII. von Orlamünde sowie der Äbtissinnen Agnes von Orlamünde und Anna Burggräfin von Nürnberg. In der Fürstengruft sind einige der letzten Markgrafen von Brandenburg-Bayreuth bestattet. Die kunsthistorisch bedeutendste Sehenswürdigkeit ist der erhaltene Rest des spätgotischen **Kreuzgangs**, mit Netzrippengewölbe auf gedrehten Säulchen und Spitzbogenfenstern mit Maßwerk zur Gartenseite sowie einer außergewöhnlichen Skulpturenausstattung: Die Sandsteinreliefs an der Wand zeigen biblische Szenen (von der *Schöpfung* über *Geburt* und *Passion* bis zur *Himmelfahrt Christi*), die sich an den Grundaussagen des Apostolischen Glaubensbekenntnisses orientieren und zusammen mit den *Musizierenden Engeln* im Gewölbe einen Bezug zur Messfeier und den hier umherziehenden Fronleichnamsprozessionen schaffen, die im religiösen Leben der Ordensfrauen eine große Rolle spielten.

Kulmbach

Die Stadt erlebte ihre Blütezeit im 15. und 16. Jh. als Regierungssitz der fränkischen Linie der Hohenzollern. Zuvor gehörte das im 11. Jh. erstmals urkundlich genannte Kulmbach zum Herrschaftsbereich des mächtigen bayerischen Geschlechts der Andechs-Meranier und ab 1248 zum Gebiet der thüringischen Grafen von Orlamünde, die die Stadt 1340 an die Burggrafen von Nürnberg aus dem Hause Hohenzollern verpfändeten – damit wurde Kulmbach zum Herrschaftsmittelpunkt und Regierungssitz des fränkischen Fürstentums und späteren Markgrafentums Brandenburg-Kulmbach. Zu Füßen des Burgbergs entwickelte sich die Ortschaft entlang des Straßenmarkts Richtung Main; 1231 erhielt sie das Stadtrecht. Unter Markgraf Georg »dem Frommen«, der mit Luther befreundet war, wurde das Fürstentum Kulmbach 1528 protestantisch. Während des zweiten Markgräflerkriegs 1552–54, in dem Markgraf Albrecht Aklibiades versuchte, ein Herzogtum Franken zu errichten, erlitten die Stadt und die Plassenburg schwere Zerstörungen; sie wurden aber wiederaufgebaut. Als die Markgrafen 1604 ihre Residenz nach Bayreuth verlegten, büßte Kulmbach erheblich an Bedeutung ein, aber die Plassenburg blieb weiterhin Landesfestung. 1792 fiel die Stadt an Preußen und 1810 an Bayern. Erst Mitte des 19. Jh.s bescherte das seit dem 12. Jh. hier bezeugte Brauwesen dem Ort nochmals einen Aufschwung – bis heute ist es in Kulmbach ein wichtiger Erwerbszweig.

In der **Altstadt**, die teilweise noch vom mittelalterlichen **Mauerring** mit drei erhaltenen Türmen des 14. Jh.s umgeben ist, haben sich die verwinkelten Straßen und die historische Bebauung des 15.–18. Jh.s erhalten – hier kann man einen authentischen Eindruck einer historischen fränkischen Stadt gewinnen. Der älteste Siedlungskern aus dem 12. Jh. lag um St. Petri, wo heute das Fachwerkhaus der **Alten Kantorei** (1663) und das **Evangelische Dekanat** (1730) zu finden sind. Die **Stadtpfarrkirche St. Petri** steht weithin sichtbar auf einem Felsplateau am östlichen Rand der Altstadt vor der imposanten Kulisse der Plassenburg. Die spätgotische Hallenkirche mit markantem Westturm und schmalerem, polygonal geschlossenem Chor wurde ab 1439 erbaut und nach Zerstörungen im Markgräflerkrieg 1559 wiederhergestellt. Der heutige Eindruck des Innenraums wird vor allem von den neugotischen Veränderungen von 1878–80 bestimmt. Kunsthistorisch bemerkenswert ist der geschnitzte frühbarocke **Hochaltar** des fränkischen Bildschnitzers Johann Brenck und des Kulmbacher Bildhauers Hans Georg Schlehendorn von 1650–53 mit der *Kreuzabnahme Christi* im Zentrum, eine Stiftung des Markgrafen Christian, dessen Porträt in der Sockelzone rechts zu sehen ist. Beachtenswert ist der Taufstein mit eingearbeiteten Alabasterreliefs von 1647. Die Kirche ist durch eine barocke Freitreppe mit der »Oberen Stadt« verbunden, ein für süddeutsche Städte typischer Markt in Form einer Straßenverbreiterung. Aus der alten Bebauung sticht die **Markgräfliche Kanzlei** (Nr. 33) hervor, der Sitz der Verwaltung des Fürstentums; der Renaissancebau wurde 1561 vom Architekten der Plassenburg Caspar Vischer vollendet. Am nordwestlich anschließenden **Neuen Markt**, der bei der Stadterweiterung des 13. Jh.s angelegt wurde, steht das barocke **Rathaus** mit einer Fassade vom Bayreuther Hofarchitekten Joseph Saint-Pierre (1752), die sich durch einen dominanten Mittelrisalit mit Säulenportal, Pilaster, Balkon und Stadtwappen sowie einen Dachreiter auszeichnet. In der **Langgasse** hat sich weitere Bebauung des 17. und 18. Jh.s erhalten. Im alten Handwerksviertel **Oberhacken** stehen noch mehrere Fachwerkhäuser, darunter das **Michel-Weiß-Haus**. Ein interessantes historisches Gebäude ist auch der **Langheimer Klosterhof**, der Kulmbacher Verwaltungssitz des gleichnamigen Klosters, den 1691–94 vielleicht Leonhard Dientzenhofer erbaute, mit einer repräsentativen Giebelfassade. Die **Spitalkirche Heilig Geist** mit markantem Chorturm richtete 1738/39 der Architekt Johann Georg Hoffmann städtebaulich effektvoll auf die platzartige Gabelung der Spitalgasse aus. Der gesamte Außenbau wird durch eine Pilasterordnung gegliedert, ebenso wie das saalartige, flachgedeckte Innere mit den für protestantische Kirchen typischen Emporen.

♦ **Plassenburg**: Die hoch über der Stadt in strategisch günstiger Lage auf einem steilen Felsrücken gelegene Burganlage gehört zu den bedeutendsten Bauwerken der deutschen Renaissance und stellt ein herausragendes Beispiel für einen wehrhaften adeligen Wohnsitz mit umfangreichen Festungsanlagen dar. Erstmals 1135 urkundlich erwähnt, war die Plassenburg vom 14. bis zum Anfang des 17. Jh.s der Regierungssitz des Hohenzollern'schen Fürstentums »ob dem Gebirg«, des späteren Markgrafentums Brandenburg-Kulmbach. Die im Kern teilweise noch mittelalterliche Anlage wurde in der ersten Hälfte des 16. Jh.s zur befestigten Burg in den heutigen Ausmaßen ausgebaut, aber noch vor ihrer Vollendung im Markgräflerkrieg 1552–54 teilweise zerstört. Ihr heutiges Aussehen geht somit auf den Wiederaufbau nach 1562 zurück, auch wenn die ältere Bausubstanz damals wiederverwendet wurde. Der humanistisch gebildete Markgraf Georg Friedrich der Ältere beauftragte Caspar Vischer, einen der wichtigsten Architekten der deutschen Renaissance, der schon an den Schlössern von Coburg und Heidelberg mitgewirkt hatte, mit der Erneuerung der Hochburg um den Schönen Hof, das eigentliche Wohnschloss, sowie der Niederburg um den Kasernenhof mit dem Arsenalbau im Süden. Spezialisten im Festungsbau wie Francesco Chiaramella und Johann Pasqualin standen Vischer zur Seite. Anfang des 17. Jh.s kamen die Hohe Bastei und das Portal am Christiansturm hinzu. 1745 und 1782–84 wurde der Kasernenhof durch die beiden Flügel des Kasernenbaus nach Norden geschlossen. Hochburg und Niederburg waren einst von dreifachen Ringmauern und zusätzlichen Wehranlagen umgeben – die Plassenburg war damals die stärkste und modernste Festung in Deutschland. Nach der Verlegung der markgräflichen Residenz nach Bayreuth suchten die Hohenzollern nur noch in kriegerischen Zeiten Zuflucht auf der Plassenburg. Außerdem bewahrten sie hier ihr Geheimes Hausarchiv und den Staatsschatz auf. Bevor Kulmbach 1810 an Bayern fiel, wurden die mächtigen Befestigungsanlagen geschleift.

Der kunsthistorisch wichtigste Teil ist die **Hochburg**, eine Vierflügelanlage mit Ecktürmen um den **Schönen Hof**, den man durch ein reich geschmücktes Renaissanceportal erreicht. Seine aufwendigen Arkadengänge gehören zu den besten Beispielen deutscher Renaissancearchitektur: Über einem einfach gehaltenen Erdgeschoss erheben sich zweigeschossige, niedrig proportionierte Pfeilerarkaden, die völlig mit Reliefdekor in Form von Blattwerk, das mit Putten und Fabelwesen durchsetzt ist, überzogen sind. An den Brüstungen befinden sich Medaillons mit paarweise angeordneten Frauen- und Männerbildnissen des Steinmetzen Daniel Engelhardt von etwa 1564/65 – wohl eine fiktive Ahnenreihe der Hohenzollern, wie sie seit der Renaissance bei Herrscherfamilien beliebt waren. Neben diesen Renaissanceelementen fallen die spätgotischen spitzbogigen Rippengewölbe der Arkadengänge auf – ein Nebeneinander von traditionellem und damals modernem Stil, wie es in der Architektur des 16. Jh.s nördlich der Alpen öfters anzutreffen ist. Die »Meraniersäulen« des Nordflügels, steile Arkaden auf hohen Rundpfeilern (vor 1554), sowie die Gewölbefüße der Arkadengänge, die sich mit den Fenstern der dahinterliegenden Räume überschneiden, sind noch Reste alter Bausubstanz aus der Zeit vor Vischers Wiederaufbau der 1560er Jahre. Im Kasernenhof ist das **Christiansportal** im manieristischen Stil (Entwurf des Bildhauers Hans Werner von 1607) sehenswert, der ehemalige Zugang zur Hohen Bastei: Über der mit Bändern rustizierten Säulenarchitektur erscheint die Reiterstatue des Markgrafen Christian, flankiert von Minerva und den Verkörperungen von Weisheit und den Schönen Künsten – ein Portal zur Verherrlichung des Fürsten.

Unter den historischen **Innenräumen** sind heute vor allem die folgenden sehenswert: die durch ein Prunkportal direkt vom Hof zugängliche **Schlosskapelle**, ein 1574/75 fertiggestellter Rechteckraum mit gotischen Netzrippengewölben, der

Der Schöne Hof der Plassenburg, Kulmbach

ursprünglich als Querkirche konzipiert war – eine typisch protestantische Kirchenform mit Altar und Kanzel an der Langseite (Emporen und Altar frühes 17. Jh., im 19. Jh. verändert); die bedeutenden **Markgrafenzimmer** im ersten Geschoss des Ostflügels, die eigentlichen Wohnräume mit gotischen ›Faltengewölben‹ auf niedrigen Balustersäulen, heute ausgestattet mit alten Ansichten, Herrscherporträts und dem *Rosenkranzbild* von Hans Kulmbach von 1516–18 sowie mit dem vergoldeten Baldachinbett der Markgräfin Maria (um 1630; das einzige erhaltene Ausstattungsstück der Plassenburg). Außerdem befinden sich in der Burg folgende Museen: die Dauerausstellung **Hohenzollern in Franken** zur Geschichte der Herrscherfamilie in den fränkischen Territorien vom 12. bis 19. Jh.; das **Armeemuseum Friedrich der Große** zur Geschichte der preußischen Armee im 18. Jh.; das **Landschaftsmuseum Obermain** zur Kultur-, Sozial- und Wirtschaftsgeschichte des Kulmbacher Landes – mit einer Kopie der berühmten *Ebsdorfer Weltkarte* von etwa 1230/50 und dem *Pörbitschen Schatz* (zahlreiche vergoldete Silberpokale aus dem frühen 17. Jh.); im Arsenalbau befindet sich das **Deutsche Zinnfigurenmuseum**, die größte Sammlung ihrer Art weltweit.

Thurnau

Im beschaulichen Ortskern auf hügeligem Gelände hat sich ein eindrucksvolles Ensemble aus burgartigem Schloss, Schlossweiher, Kirche, Lateinschule und historischen Wohnhäusern erhalten: Hier gewinnt man noch einen unverfälschten Eindruck vom einstigen Wohn- und Regierungssitz einer kleinen Landesherrschaft des niederen Adels, der mit dem Recht auf Gerichtsbarkeit im umliegenden Gebiet regierte, aber einem höheren Lehensherrn, hier dem Hochstift Bamberg, untertan war – eine Herrschaftsstruktur, wie es sie im Heiligen Römischen Reich in großer Zahl gab.

Das 1239 erstmals urkundlich erwähnte **Schloss** war bis 1564 im Besitz des Rittergeschlechts der Förtsch und fiel nach dem Aussterben der Familie an die verwandten fränkischen Familien der Grafen von Giech und der Freiherren von Künsberg. Daraufhin wurde der im Kern mittelalterliche Bau zu beiden Seiten der hochaufragenden Kemenate aus dem 13. Jh. bis zum 18. Jh. zu einer weiträumigen Anlage mit zwei Innenhöfen ausgebaut. Auf Hans Georg von Giech geht der Umbau zum wohnlicheren Schloss in Renaissanceformen des späten 16. Jh.s zurück. Aus dieser Zeit stammen der Gebetserker mit Wappen- und Figurenschmuck an der Kemenate, die Treppentürme und der Hans-Georgen-Bau mit Rundbogenarkaden auf der Ostseite des oberen Schlosshofs. Die Familie Künsberg ließ 1675 die Wohntrakte auf der West- und Südseite des unteren Schlosshofs, heute mit modernem Glaseinbau für Veranstaltungen genutzt, anlegen. Im 18. Jh. ließen die Giechs den oberen Schlosshof durch den Bau des West- und des Südflügels in schlichten barocken Formen (Kutschenhaus und Karl-Maximilian-Flügel) schließen (heute teilweise Hotel). 1731 verkauften die Künsberg ihren Anteil an die Giechs, die, inzwischen zu Reichsgrafen aufgestiegen, daraufhin allein herrschten – bis Thurnau 1786 zunächst an Preußen und 1810 an das Bayerische Königreich fiel. Eine Besonderheit ist im Inneren der Schönburg'sche Saal mit Tapeten mit Landschaftsveduten.

St. Laurentius entstand 1701–06 unter der Herrschaft des Grafen Karl Gottfried von Giech anstelle eines gotischen Vorgängerbaus, von dem noch der Chorturm erhalten ist, als quadratischer Saalbau mit Emporen im Stil der protestantischen Markgrafenkirchen des Bayreuther Gebietes. Über eine Brücke, den hölzernen neogotischen Kirchgang, ist die Kirche mit dem

Schloss verbunden. Vor allem die Innenausstattung aus der Erbauungszeit ist sehenswert: der kräftige Deckenstuck von Bernardo Quadri, der auch die figurenreiche Kanzel mit den Königen David und Salomon sowie den Propheten Elias, Jeremias, Daniel und Ezechiel schuf; ferner die Deckenfresken von den Bayreuther Malern Gabriel Schreyer und Johann Anton Raab (im Zentrum: *Pfingstwunder*); die zweigeschossige **Herrschaftsloge** mit reichem Schnitzdekor von Elias Räntz für die getrennte Benutzung der Familien von Künsberg und von Giech; rechts und links davon die Emporen für die nach Rang platzierten Beamten und Bediensteten; der Altar, wahrscheinlich ebenfalls von Räntz; die Orgel (1767–69); und einige ältere Grabdenkmäler der Adelsfamilien von Thurnau hinter dem Altar.

Das **Töpfermuseum** ist in einem Renaissancehaus, der ehemaligen **Lateinschule**, untergebracht und dokumentiert anhand von unterschiedlichen Gefäßen die Tradition der Thurnauer Töpferei seit dem 14. Jh. sowie deren Technik.

Sanspareil bei Wonsees

Burg Zwernitz: Die schon 1156 erwähnte Burg gelangte um 1300 an die Burggrafen von Nürnberg, die späteren Markgrafen von Brandenburg-Kulmbach-Bayreuth. Im 17. Jh. verlor sie ihre Bedeutung als Wehranlage. Markgraf Friedrich und seine Gemahlin Wilhelmine ließen in den 1740er Jahren den Komplex als mittelalterliche Staffage des damals neugeschaffenen Felsengartens instandsetzen. Von der mittelalterlichen Anlage mit Vorburg, Niederburg und Hochburg mit Bergfried haben sich noch weite Teile erhalten. Hier wird heute eine Dokumentation zur Geschichte der Burg und des Ortes sowie eine Ausstellung zur höfischen Jagd in den Markgrafentümern Bayreuth und Ansbach gezeigt.

Felsengarten: Am Fuß der mittelalterlichen Hohenzollernburg liegt ein Buchenhain mit bizarr geformten Kalkfelsen und Höhlen. Markgraf Friedrich von Bayreuth und seine Gemahlin Wilhelmine ließen den Bereich 1744–48 anlässlich der Hochzeit ihrer Tochter mit mehreren kleinen Baulichkeiten von Joseph Saint-Pierre zu einem außergewöhnlichen Rückzugsort nach Art einer Eremitage ausgestalten. Oberstes Gebot war, die natürlichen Gegebenheiten zu erhalten: »Die Natur selbst war die Baumeisterin«, so Wilhelmine. Den besonderen Reiz des Ortes sah man schon damals in den mächtigen naturbelassenen Felsformationen: Eine Hofdame soll beim Anblick des Gartens voller Bewunderung ausgerufen haben, er sei *sans pareil*, »ohnegleichen« – daher der bis heute übliche Name. Die Idee, dem ungewöhnlichen Garten auch eine moralisierende Bedeutung zu geben, bezog Markgräfin Wilhelmine nach eigenen Angaben aus dem Erziehungsroman des französischen Dichters François Fénélon über die Irrfahrt des Telemach, einem in höfischen Kreisen des 18. Jh.s sehr bekannten Werk: Darin gelangt der Sohn des Odysseus nach einer Reihe von Prüfungen und Abenteuern – deren Stationen im Garten die einzelnen Felsen repräsentieren – schließlich zur Läuterung. Von den einst zahlreichen Gartenarchitekturen stehen heute nur noch drei: gleich beim Eingang der **Küchenbau** aus ruinös wirkenden groben Tuffsteinen mit farbigen Mosaikeinlagen; durch ein rekonstruiertes Blumenparterre mit diesem verbunden, der chinesisch anmutende **Morgenländische Bau** mit einem kleinen Innenhof mit Buche und einem achteckigen, hochaufragenden Saal mit zartem Rokokostuck; und nach einem kurzen Spaziergang durch den Felsengarten gelangt man zum **Ruinentheater**, einer künstlichen Ruine aus sehr groben Steinen und mit Masken, die gleichsam die Fortsetzung eines gigantischen Felsbrockens bildet.

Anhang

Oberstreu
Saal a. d. Saale
Bad Königshofen
Streufdorf
Trappstadt
Bad Rodach
Thüringen
Bad Colberg-Heldburg
Fränkische Saale
Rodach
Sulzfeld
Sulzdorf
Haßberge
Maroldsweisach
Seßlach
Itz
Stadtlauringen
Maßbach
Hofheim
Riedbach
Ebern
Baunach
Königsberg
SCHWEINFURT
Schonungen
Haßfurt
Main
Zeil am Main
Bay
Rattelsdorf
Grettstadt
Eltmann
Oberhaid
Marquardsbu
Oberaurach
Gerolzhofen
BAMBERG
KARTE I
Rauhenebrach
Altenburg
Volkach
Ebrach
Regnitz
Burgebrach
Steigerwald
Frensdorf
Prichsenstadt
Fränkische Schweiz
Wiesentheid
Pommersfelden
Schlüsselfeld
Schloss Weißenstei
Höchstadt a. d. Aisch
Aisch
Iphofen
Scheinfeld
A71
A70
A3
279
303
26
286
22
505
470
8
4

KARTE III
Bamberg/Bayreuth – Übersicht
0 5 10 15 km
Sonneberg
Neustadt b. Coburg
Rödental
Steinbach
Mitwitz
Frankenwald
Ebersdorf
Sonnefeld
Redwitz
Kronach
Weißenbrunn
Main
Lichtenfels
Burgkunstadt
Stadtsteinach
Marktleugast
Vierzehnheiligen
Weismain
Kulmbach
Weißer Main
Himmelkron
Fichtelgebirge
Bad Berneck
Thurnau
Roter Main
Felsengarten
Burg Zwernitz
Wonsees
Sanspareil
Scheßlitz
Bindlach
BAYREUTH
KARTE II
Hollfeld
Eckersdorf
Donndorf Schloss Fantaisie
Plankenfels
Heiligenstadt
Creußen
Hirschaid
Ebermannstadt
Wiesent
Eggolsheim
Gößweinstein
Pottenstein
Pegnitz
Forchheim
Leupoldstein
Baiersdorf
Gräfenberg
Fränkische Schweiz

Museen in Bamberg, Bayreuth und Umgebung

Bamberg

Bayreuth

Umgebung

Nachweis der Karten und Abbildungen

© Bayerische Schlösserverwaltung, www.schloesser.bayern.de: S. 15 (Bildarchiv Foto Marburg / Uwe Gaasch, CbDD), 19 (Foto: Maria Custodis, München), 50 f., 53 (Foto: Rainer Herrmann, Maria Scherf), 107 (Foto: Achim Bunz, München), 118, 129, 133 (Foto: Maria Scherf / Ulrich Pfeuffer, München), 143 (Foto: Lucinde Weiss, München); imago images / imagebroker: S. 114; Klaus Kühner, HüttenWerke: Karten in den Umschlagklappen, S. 32–34, 150 f.; mauritius images / Peter Roland Schreyer: S. 95; mauritius images / Torsten Krüger: S. 127; shutterstock.com / Chris Dorney: S. 73; Wikimedia Commons / CC BY 2.0 / trialsanderrors: S. 125; Wikimedia Commons / CC BY 4.0 / Reinhold Möller: S. 85, 89; Wikimedia Commons / CC BY-SA 3.0 / Andreas Praefcke: S. 77; Wikimedia Commons / CC BY-SA 3.0 / Tilmann2007: S. 42; Wikimedia Commons / CC BY-SA 3.0 / Timo Allin: S. 69; Wikimedia Commons / CC BY 4.0 / Reinhold Möller: S. 36; Wikimedia Commons / CC BY-SA 4.0 / Tilmann2007: S. 63; Wikimedia Commons / CC0 1.0 / Berthold Werner: S. 57; Wikimedia Commons / CC0 1.0 / Immanuel Giel: S. 38

Literaturhinweise

Alt, Hans-Werner: Kloster Banz. Königstein im Taunus ^{5}2013.

Arnetzl, Ekkehard: Bamberger Weg moderner Skulpturen. Petersberg 2017.

Bachmann, Erich: Neue Residenz Bamberg. Amtlicher Führer. München ^{6}1995.

Becker, Rainhald / von Dorn, Iris (Hrsg.): Politik – Repräsentation – Kultur. Markgraf Christian Ernst von Brandenburg-Bayreuth (1644–1712). Bayreuth 2014.

Berger, Günter: Wilhelmine von Bayreuth. Leben heißt eine Rolle spielen. Regensburg 2018.

Biller, Thomas / Großmann, G. Ulrich: Burg und Schloss. Der Adelssitz im deutschsprachigen Raum. Darmstadt 2002.

Breuer, Tilmann / Exner, Matthias / Gutbier, Reinhard / Kippes-Bösche, Christine: Die Kunstdenkmäler von Bayern. Regierungsbezirk Oberfranken. Stadt Bamberg. 12 Bde. Bamberg/München 1997–2015.

Breuer, Tilmann / Oswald, Friedrich / Piel, Friedrich [u. a.]: Franken. Regierungsbezirke Oberfranken, Mittelfranken und Unterfranken. München ^{2}1999. (Georg Dehio. Handbuch der Deutschen Kunstdenkmäler. Bayern I: Franken.)

Burger, Daniel: Burg und Festung Forchheim. Regensburg 2004.

– Forchheim. Regensburg 2005.

Dengler-Schreiber, Karin: Kleine Bayreuther Stadtgeschichte. Regensburg 2013.

Diemer, Dorothea: Der Reiter und Kindheit-Christi-Szenen für den Ostlettner: Neue Überlegungen zur Skulptur im Bamberger Dom. In: Zeitschrift des Deutschen Vereins für Kunstwissenschaft. Bd. 68 (2014) S. 79–156.

Erichsen, Johannes / Heinemann, Katharina / Janis, Katrin (Hrsg.): KaiserRäume – KaiserTräume. Forschen und Restaurieren in der Bamberg Residenz. München 2007.

Fick, Astrid: Potsdam, Berlin, Bayreuth. Carl von Gontard. Petersberg 2000.

Großmann, G. Ulrich: Fachwerk in Deutschland. Zierformen seit dem Mittelalter. Petersberg 2006.

Guth, Klaus: Kaiser Heinrich II. und Kaiserin Kunigunde, das heilige Herrscherpaar. Leben, Legende, Kult und Kunst. Petersberg 2002.
Habermann, Sylvia: Bayreuther Gartenkunst. Die Gärten der Markgrafen von Brandenburg-Culmbach im 17. und 18. Jahrhundert. Worms 1982.
Hanemann, Regina (Hrsg.): Im Fluss der Geschichte. Bambergs Lebensader Regnitz. Baunach 2009.
Jung, Norbert (Hrsg.): 1000 Jahre Bamberger Dom. Petersberg 2012.
Karlsen, Anja: Das mitteleuropäische Treppenhaus des 17. und 18. Jahrhunderts als Schaubühne repräsentativer Inszenierung. Architektur, künstlerische Ausstattung und Rezeption. Petersberg 2016.
Kirmeier, Josef: Kaiser Heinrich II. 1002–1024. Katalog zur Bayerischen Landesausstellung. Augsburg 2002.
Krückmann, Peter O.: Das Bayreuth der Markgräfin Wilhelmine. Paradies des Rokoko. Bd. 1. München [u. a.] [2]2001.
– Das Bayreuth der Markgrafen. Mit Plassenburg und Sanspareil. München [u. a.] 2002.
– Fürstbischöfliche Residenzen in Franken. Die Höfe der Schönborns und anderer Fürstbischöfe entlang des Mains. München [u. a.] 2002.
– Kaiser, Herzöge und Markgrafen in Franken. Von der Kaiserburg Nürnberg zu den Residenzen der Hohenzollern und Wettiner. München [u. a.] 2003.
– Markgräfliches Opernhaus Bayreuth. Amtlicher Führer. München 2003.
– / Erichsen, Johannes / Grübl, Kurt: Die Eremitage in Bayreuth. Amtlicher Führer. München 2011.
Maaz, Bernhard (Hrsg.): Die Pinakotheken in Bayern. Schätze und Orte der Bayerischen Staatsgemäldesammlungen. München 2015.
Mayer, Bernd: Kleine Bayreuther Stadtgeschichte. Regensburg 2010.
Meißner, Helmuth: Stiftskirche, ehemaliges Kloster und Schloss Himmelkron. München [u. a.] [5]1998.
– Evangelischer Kirchenbau im 18. Jahrhundert im Markgraftum Brandenburg-Kulmbach/Bayreuth. Lichtenfels 2010.
Moser, Peter: Bamberg. Geschichte einer Stadt. Bamberg 1998.
Schiedermair, Werner: Schloss Weißenstein in Pommersfelden. Lindenberg [2]2011.

Schiener, Anna: Kleine Geschichte Frankens. Regensburg 2019.
Schütz, Bernhard: Balthasar Neumann. Freiburg 1991.
– Vierzehnheiligen. Geschichte und Kunst. München [6]1992.
– Basilika Vierzehnheiligen. Regensburg 2018.
Seelig, Lorenz: Friedrich und Wilhelmine. Die Kunst am Bayreuther Hof 1732–1763. Regensburg 1982.
Siart, Olaf: Kreuzgänge mittelalterlicher Frauenklöster. Bildprogramme und Funktionen. Petersberg 2008.
Suckale, Robert / Hörsch, Markus / Ruderich, Peter / Schmid, Peter (Hrsg.): Bamberg. Ein Führer zur Kunstgeschichte der Stadt für Bamberger und Zugereiste. Bamberg [4]2002.
Thomas, Rainer: Markgräfliches Opernhaus Bayreuth. Amtlicher Führer. München 2018.

Register

Bamberg

Bayreuth

Umgebung

Zur Autorin

Elisabeth Wünsche-Werdehausen studierte Kunstgeschichte, Archäologie und Städtebau in Bonn, Wien, Mailand und Rom. Nach der Promotion war sie Stipendiatin und wissenschaftliche Mitarbeiterin an der Bibliotheca Hertziana in Rom (Max-Planck-Institut für Kunstgeschichte), anschließend am Kunsthistorischen Institut der Ludwig-Maximilians-Universität in München. Zu den Schwerpunkten ihrer zahlreichen Veröffentlichungen gehören die Architektur der Renaissance und des Barock in Norditalien, das Mäzenatentum von Fürsten und Fürstinnen im 17. und 18. Jh. sowie die Kunstbeziehungen zwischen Bayern und Italien. In der Reihe *Reclams Städteführer* erschienen von ihr die Bände *Berlin* (Universal-Bibliothek Nr. 19627), *München* (Nr. 19394), *Toskana* (Nr. 19463) und *Venedig* (Nr. 19246). Sie lebt als freie Autorin, Übersetzerin und wissenschaftliche Reiseleiterin in München.